JN025780

スローでディープな
英文精読

〈ことば〉を極限まで
読み解く

今井亮一 平沢慎也 編・訳・解説

研究社

スローでディープな英文精読
〈ことば〉を極限まで読み解く

まえがき

　本書は英文精読の学習書である。少なくとも、著者2人はそう考えている本である。

　本書ができるまでには紆余曲折・甲論乙駁の展開があった。たしか、担当編集者の金子靖さんから私（今井）のもとに最初に届いた依頼は、翻訳術のような企画だったと思う。すでに優れた類書が多数あるのに、翻訳の実績も力量も不足した私が屋上屋を架してもなぁとやんわりお断りしたところ、では翻訳術に限らない精読をという話になり、いやいやそんな精密に文法を解説できる知識も力量もないなぁと悩んでいたところ、平沢慎也さんという超強力なサポートが得られることになった。本企画における私の最大の功績は、平沢さんを巻き込んだことだと言っていい。本書の文法の解説は、おそらく多くの読者の皆さんが考えている文法とは一味も二味も違った楽しくて興味深いものである。「本書の読み方」の「文法解説」の項を参照しつつ、種々の実例をご堪能いただきたい。

　少し話が脱線したが、そんなわけで本書は、「様々なジャンルの英文を所収した精読の学習書」ということで企画された。学習書のなかには、まず説明すべき文法事項（倒置、省略、直接／間接話法、連鎖関係代名詞など）を設定し、それに合わせて英文を選出している場合もある。どうやら編集部の当初の想定も、そういうものだったらしい。急いで念のため明記するが、そのような方針を否定しているわけではまったくなく、私自身こうした学習書に大いにお世話になったし、本書でも解説のため類例を並べている部分は同様の方針である。だが、各章の機軸を成す7つの英文（長文）に関しては、

あくまで楽しく読める文章、つまりは私が面白いと思った作品を選んだ。その意味では、一種の特殊なアンソロジーとして本書を楽しんでもらえたらとても嬉しい。

　長文それぞれの説明は各章の扉に記載したが、まえがきでもごくかいつまんで紹介しておこう。「ことばのいろいろ」と題した第Ⅰ部には、英語と日本語に関するエッセイの抜粋が２本ずつ掲載されている。本書のような英語学習書を手に取ってくださる読者であれば、きっと英語や日本語という〈ことば〉そのものに関心があるのではないか、と思って選出した。類書では案外と掲載されていないジャンルの英文だと考えている。第Ⅱ部「いろいろなことば」には、漫画、小説、現代詩を１作ずつ所収した。小説は短いものなので、１作丸ごと収録している。漫画や現代詩は、やはり英語学習書ではあまり掲載されないジャンルであろうが、こうした「いろいろなことば」たちもまた、英語の世界の重要な構成要素だ。以上７つの多彩なジャンルの英文が、すべて語注つきの対訳で掲載されている（ほかの例文も和訳や解説が付されている）。また併録されている別冊には、これら７作の、注や対訳なしのバージョン──漢文でいうところの「白文」──をまとめているので、ご活用いただきたい。特に３章と５章は、こちらの別冊の方がレイアウトも原典にそっている（それぞれの章扉を参照）。

　各章は対訳つきの長英文に続いて、これらの英文をより深くじっくり理解して楽しむための３つのセクションが続いている──和訳を作成する上での工夫などを記した「翻訳の視点から」、文法トピックを深掘りした「文法解説」、内容に関連する事柄を説明したり論じたりしている「本文解説」である。これら３セクションの詳細については「本書の使い方」を参照されたい。

　さて、そんなわけで本書は精読を旨としているのだが、もしかしたら多くの読者の皆さんが考えている精読とは趣が異なるかもしれない。たとえば本書では１文ごとに、これがS（主語）でこれがV（動詞）でこれがO（目的

語）で、そしてそれらが主節となっているところに現在分詞 X-ing で導かれる分詞構文があって……といった解説は、皆無でこそないが多くはない。もしかしたら、そういった解説がないなんて精読じゃないと思われるかもしれないが、本書を読んでいただければ、こうした予想がいい意味で裏切られると確信している。また、「文法解説」や「本文解説」は、一見すると本文からかけ離れた内容に思われるかもしれない。というか、まえがきの冒頭付近に「甲論乙駁の展開」と書いたとおり、実は編集者からも、あまりに脱線や遠回りなのではないかという懸念を頂戴した。それゆえ改善を施しはしたのだが、しかし、著者２人としては、文法・内容をじっくり理解するために必要不可欠な「脱線」だと考えている。たとえばこのまえがきも、英文読解に資する情報はゼロだが、これを読んでいただいたことで本書の来歴や構成が多少は伝わり、以降の本文が読みやすくなるはずである。まさに急がば回れ、「遠回り」こそが近道なのだ。

　と、脱線や遠回りの必要性を訴えてみたものの、たしかに本書は速読術を提供するものではないし、数百の単語や中学の英文法さえ覚えれば英語がわかるといったお気軽さを演出するものでもない。それゆえ本書は「スローでディープ」という、速さと浅さの対極のことばをタイトルに冠している。ぜひ英語の甘美なる底なし沼に、ゆっくり深く沈んでいってほしい。

2023 年 9 月

今井亮一

スローでディープな英文精読
〈ことば〉を極限まで読み解く

目次

> ＊各英文の刊行年は、本書所収に際して参照した版の著作権情報に
> 依拠した。もう少し詳しい書誌は p.14 の著作権情報を参照。

本書の使い方

例文などの出典について

　本書で辞書から例文を引用する際には、以下のような表記を用いることにする。

(1) He is suspected of being the **mastermind** behind the bombings.

(LDOCE, s.v. mastermind)

彼は一連の爆破事件の首謀者なのではないかと疑われている。

(2) It's **good practice** to make lists of things to do.

やるべきことをリストにしておくのはいいことだ

(『ウィズダム』s.v. *practice*；太字原文)

- 原則として太字は著者が加えたものであり、そうでない場合には「太字原文」のように明記している。
- *LDOCE* や『ウィズダム』は辞書の略称であり、正式名称および版の数が知りたい場合には、巻末の参考文献リストで確認してほしい。
- s.v. は sub voce /sʌb vóʊsi/ の略で、辞書のどの項目に載っているのかを示したもの。たとえば s.v. *mastermind* であれば、当該の辞書の mastermind の項に挙げられている例文であるということになる。
- (1) のように出典に関する情報の後に日本語訳が続いている場合、その訳は著者によるものであり、逆に (2) のように日本語訳の後に出典情報が来ている場合には、その訳も辞書からの引用である。

　また、本書の例文には小説やドラマ、映画などの実例も豊富に含まれている。こうした例に関しては以下のような表記を用いることにする。

(3) [**状況説明**] 話し手は誕生日プレゼント (pillow person；お人形枕) を受け取った直後。

I had one [=a pillow person] just like this **growing up**.

　　　　　　　　　　　　　　　　　　　（[ドラマ] *Fuller House*, S2E10）

これにそっくりなやつ持ってたんだよね、子どもの頃。

- 英文中の [ ] は著者による補足。(3) では代名詞 one の指示対象を補っている。
- 出典情報のはじめに、どのようなジャンルから取った実例なのかを［ドラマ］［短編小説］というかたちで示している。ジャンルを重視している理由については第4章の「文法解説」p. 101 注4を参照。
- ドラマからの例の出典情報には、Season 2, Episode 10 の意味で S2E10 とするなど、略記を用いている。

　例文ではなく説明を論文や書籍などから引用する場合、ページ数を示さないときはたとえば「安藤 (2005)」、ページ数を示すときはたとえば「安藤 (2005: 45)」のように出典を表記している。これらの場合、「安藤が2005年に出版した文章（の45ページ）に書かれている説明」の意である。具体的には何という論文、書籍から取られた説明なのかを知りたい場合には、巻末の参考文献リストを参照してほしい。

本文＋別冊英文

　本文（つまり題材として選定された英文）にはたくさんの「語注」（詳しくは次項）が付されている。極端な場合、本文ページのほぼすべてが語注で埋め尽くされている。これだと読みにくいと思われる方は、英文は別冊の方で見ていただくのが良いかもしれない。また、英語が得意なので腕試しをしてから解説を読みたいという方には、まずは別冊で「白文」状態の英文と格闘してから本冊子に移る、という手順をおすすめしたい。

語注

　本文には「語注」が付されている。基本的な姿勢としては、英語母語話者や高いレベルで英語を身につけた人が、本文で用いられている表現を理解したり自分で使ったりするときに、頭の中でどのような知識を活性化させていると考えるのが自然か、という観点から書くように心がけた。全訳もついていることだし、本書の横に辞書を置いておかないと本文の意味がわからないということは少ないだろう。とはいえ辞書は、英語を読む時であれ日本語で書かれたものを読むときであれ、引けば引くほど人生を豊かにしてくれるものなので、辞書なしで読もうとすることをおすすめはしないが。

　ただ、ところどころ例外的な箇所もある。特に第7章は（ネタバレになってしまうのであえてぼんやりした書き方をすると）ある特殊な技巧を使って書かれたもので、その複雑に絡まりあった糸を解きほぐすことにほとんどすべての力を注いだ。この第7章だけは、辞書を引き引き、取り組んでもらうことが必須かもしれない。

翻訳の視点から

　基本的には本文を翻訳（和訳）する上でどんな点に留意したか、という体験談が記されているセクションである。とはいえ単なるエピソードトークでは汎用性・応用性がないので、翻訳一般で有益となる内容へ広げたつもりである。たとえば第5章では漫画の翻訳という話から出発しつつ、映像作品の字幕翻訳などについても触れている。

　章によっては翻訳研究（translation studies）の主要概念なども紹介しているが（翻訳研究という学問の潮流については4章「本文解説」を参照）、学術的に緻密な議論をするためというより、あくまで翻訳を実践する際の有用性に重きを置いている。

文法解説〜英語をさらに深く理解する

　語注に「→「文法解説」」と書かれている場合、この「文法解説〜英語を
さらに深く理解する」のセクションにて詳しい解説を読むことができる。

　ここでは「文法」という語を一般的な用語法よりも広い意味で用いている
ことに注意してほしい。たとえば、上掲「例文などの出典について」の (3)
に含まれている growing up という箇所に注目してみよう。grow up は大人
になっていくプロセスを広く指す表現（「大きくなる」）で、ここでは〈時〉
の用法の分詞構文で用いられている。実は grow up がこのように〈時〉の
分詞構文で用いられることは非常に多く、growing up「子どもの頃に」は
よくある言い回し（慣習的表現 ; conventional expression）であると言える。
このような表現を説明する場合、一般的な用語法では「〈時〉の分詞構文」
を「文法」に、そして grow up を「語彙」に振り分けることになると思う。
そして「〈時〉の分詞構文」も grow up も重要だが、それらを組み合わせれ
ば理解できる growing up は文法項目でもなければ語彙項目でもない、言っ
てみれば身分なき存在であり、それ自体は重要でないものとみなされる。

　これに対し、筆者の 1 人（平沢）が専門としている認知文法（Cognitive
Grammar）という言語理論では、growing up をはじめとしたよくある言い
回しを文法にも語彙にも属する知識であると考える（文法知識と語彙知識の
二者択一という発想は取らない）。次のように具体的なものを下に、抽象的
なものを上に配置して図示するとわかりやすいだろう。

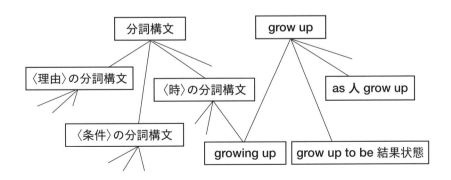

そして、このように文法にも語彙にもまたがる「よくある言い回し」の知識こそが、滞りのない言語運用の大部分を——認知文法の創始者 Ronald W. Langacker の見方では 99% を——牛耳っている重要な知識なのだと考えている（Langacker 2000: 2）。その理由をごく簡単に一言でいえば、人間の脳にとって、具体的な知識の方が抽象的な知識よりも活性化しやすいからである（Langacker 1987: 11.2; Langacker 2009; 平沢・野中 2023: 2.2）。自分の父親にばったり道で会ったときに「あ、親父だ」とは思うが「あ、人間だ」や「あ、生物だ」とは（少なくとも真っ先には）思わないのと同じように、英語母語話者が人生で何度も（たとえば 57 回）触れた growing up「子どもの頃に」を含んだ英文に再び（たとえば 58 回目に）出会うとき、頭の中で真っ先に活性化する知識は growing up「子どもの頃に」という具体的な知識であって（〈時〉の）分詞構文という抽象的な知識ではない。

　本書では「文法解説」というセクション・タイトルのもと、「分詞構文」のような抽象的な領域にとどまらず、[growing up] のように図で言えば下の方に位置している具体的な表現を解説し、よくある言い回しの重要性を強調することになる（表記としては [growing up] のように [　] を用いる）が、その背景には上記のような言語観があるものと理解されたい。

本文解説～内容をじっくり考えるヒント

　読んで字のごとく、本文の内容をじっくり考えるヒントとなるようなセクションである。「解説」と銘打たれているとはいえ、本文の内容をあらためて噛み砕いて説明したり要約したりするようなことはしていない。本文をより深く理解するための背景知識や補助線を提供したり、時には本文の内容に疑問を呈して批判を加えている場合もある。

　あらためて言うまでもないことだが、英文精読は英語を日本語に移したり、文法事項を学習して終わりというわけではない。機械翻訳の隆盛で可視化されたように、英文の内容を理解していなくても「翻訳」することは案外可能である（機械が人間的な意味で英文を「理解」しているとは、さすがに言え

ないだろう）。外国語に限らず精読の醍醐味とは、こうした内容理解なき読みではないはずだ。この「本文解説」セクションは、もしかしたら「一般的な英語学習書」を期待する読者には、ひどい脱線のように思われるかもしれない。とはいえ、ある英文法研究者のことばを、心からの賛同を込めて引用すれば、「「英語で話されたこと・書かれたことを理解したいから英文法を学ぶ」というのが大切」なのであり、「英文の内容理解に関することであれば、どんなことでも余計なことではないと言いたい」（野中（2021））。英文精読を通じて新たな知見を得たり、むしろ反論してみたり、作品世界を楽しんだり、逆につまらないなと思ったり、さらにはそこから自分なりに別方向へじっくり考えを深めていったり、果てなきゴールへ向かうヒントとなれば嬉しい。

第 I 部

ことばのいろいろ

1

Erez Aiden & Jean-Baptiste Michel,

"Burnt, Baby, Burnt" (2013)

*

エレツ・エイデン & ジャン＝バティースト・ミシェル
「Burnt だろ、Burnt と言ってくれ」

「第Ⅰ部　ことばのいろいろ」の１本目は、デジタル・ヒューマニティーズの入門書とも言える *Uncharted: Big Data as a Lens on Human Culture* から取った（邦訳として次がある。『カルチャロミクス——文化をビッグデータで計測する』阪本芳久訳、高安美佐子解説、草思社）。主人公は、英語を完璧にマスターしたつもりでフランスからアメリカにやってきたものの、動詞の過去形が習ったのと違うことに打ちのめされた留学生。過去形の真実を求めて、彼は Google Ngram Viewer* という名の望遠鏡を覗き込む。

＊Google Ngram Viewerとは、Google Booksのテキストデータを対象に、単語やフレーズを検索して年代・時期ごとの使用頻度を調べることができるシステムのこと。プロトタイプを作ったのが *Uncharted* の著者2人。

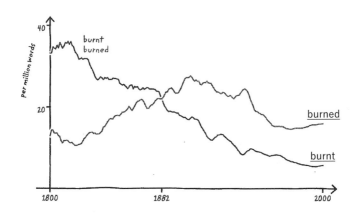

A few days later, he saw another ❶distressing headline, this one in the *Los Angeles Times*: "❷Kobe Bryant Says He Learned a Lot from Phil Jackson." The student ❸knew nothing about Phil Jackson, ❹but was still shocked that Kobe had *learned* from Phil. ❺If anything, he should have *learnt*.

Little by little, the student realized that ❻when it came to this particular rule, all Americans were making the same mistakes. He knew that most Americans sounded ❼ludicrous when they spoke

❶ distressing: [distressing news] というフレーズをよく見かける。他人の苦悩に関する知らせで、聞いているこちらまで心が痛くなってしまうような知らせのこと。今回もそういうニュースの見出しなのかと思って読み進めてみると……。

❷ Kobe Bryant [...] Phil Jackson：Kobe Bryant (1978-2020) は、1996 年から 2016 年にプロとして活躍したバスケットボール選手。当時は絶対的エースとして活躍していた。Phil Jackson (1945-) も元プロバスケット選手だが、引退後は指導者に転じ、1999 年からロサンゼルス・レイカーズの監督となって Bryant を指導した。

❸ knew nothing about Phil Jackson: [know nothing about X] は全然知らないということを強調または誇張する高頻度表現で、「だから期待されても困る」「詳しい人間と誤解しないで」などと言いたい場合に用いられることが多い。例：I **know nothing about** pop music. (*COBUILD*, s.v. *pop*) 「ポピュラー音楽

・グラフの縦軸：100 万語中の出現回数
・グラフの横軸は年代を表す

　数日後、またも気が滅入る見出しが彼の目に入った。今回はロサンゼルス・タイムズだ。「コービー・ブライアントいわく、フィル・ジャクソンから大いに学んだ（learned）」。留学生はフィル・ジャクソンのことなど何も知らなかったが、コービーがフィルから学んだ（learned）なんて衝撃だった。むしろ学ビタル（learnt）べきだった。

　彼は少しずつわかってきた。この規則に関していえば、すべてのアメリカ人が同じあやまちを犯している。アメリカ人が話すフランス語が変なことは知っていたが、教科書から判断するに、アメリカ人は母語だって下手くそな

にはめっぽう疎いんですよ」。

❹ [but + still]:「しかしそれでもやはり…」。→「文法解説」

❺ [if anything]:「X ではない、X のはずがない」など否定的な内容の後に if anything と言ってから、X よりも正確な言い方を提示するというのがお決まりの展開。「どちらかと言うと」と訳すと自然であることが多い（今回はイマイチだが）。例：She's not thin—**if anything** she's on the plump side. (*OALD*, s.v. *if*)「痩せてないよ——どっちかと言うとぽっちゃり寄りだ」。

❻ [when it comes to X]:「X については、これこれという事柄が成り立つ」と言うときの「X については」に対応するよくある言い回し。例：**When it comes to** playing chess, he's the best I know. (*MWALED*, s.v. *come*)「チェスの腕前で言うと、彼ほどの人は知らないね」。

❼ ludicrous:「滑稽な、馬鹿げている」。

French, but ❶to judge from his textbooks, they were equally bad at their native tongue. He ❷*smelt* a rat.

Fortunately, he ❸had access to a new kind of ❹scope. It soon ❺*spilt* the beans: He had been wasting his time ❻back in France. He
5 felt *burnt*.

What happened? Because the verbs *burn/burnt, dwell/dwelt, learn/learnt, smell/smelt, spell/spelt, spill/spilt*, and *spoil/spoilt* all ❼follow a similar pattern, they ❽prop each other up in the minds of English speakers. As a result, they have been irregular for a very
10 long time—❾longer than you would expect from their individual frequencies.

These verbs still appear as irregular in many textbooks. But in reality, the ❿once-mighty alliance is ⓫coming apart. Two members, *spoil* and *learn*, ⓬regularized by 1800. Four more have regularized
15 ⓭since then: *burn, smell, spell*, and *spill*.

---

❶ to judge from his textbooks: 「教科書から判断すると」。his textbooks には learnt は載っているが learned は載っていないのだろう。

❷ [smell a rat]: 「(裏切り・悪巧みなどに) うすうす気づく、感づく、かぎつける、不審を抱く▶猫はネズミが見えないときでも、においで察知することから」(『ランダムハウス』 s.v. *rat*)。

❸ [have access to X]: 「X を利用することができる」。

❹ scope: 本書では telescope の略。そしてここでの a new kind of (tele)scope とは Google Ngram Viewer のこと。

❺ [spill the beans]: 「秘密を漏らす」。ここでは「新手の望遠鏡」(すなわち Google Ngram Viewer) が主語になっているが、人間を主語にする方がはるかに普通。

❻ back in France: 「前にフランスにいたときに」。→「文法解説」

❼ follow a similar pattern: [follow a ... pattern] は「…なパターンに従う」の意の定着した表現。

❽ prop each other up: [prop X up] 「X が倒れないように支える」。

❾ longer than you would expect: [比較級 + than you would expect] は

のだ。彼は何かおかしいと嗅付<ruby>タリ<rt>カギツケ</rt></ruby>（smelt）。

　幸い、この留学生には新手の望遠鏡が使えた。おかげで真実が零テ来シ<ruby>コボレ</ruby>（spilt）。フランスにいた彼は、時間をむだにしていたのだ。燃尽シ<ruby>モエツキ</ruby>（burnt）気分だった。

　何があったのか？　動詞 burn ／ burnt、dwell ／ dwelt、learn ／ learnt、smell ／ smelt、spell ／ spelt、spill ／ spilt、spoil ／ spoilt はどれも同じようなパターンにしたがっているので、英語話者の頭のなかでは、互いが互いを支えあっている。その結果これらの動詞たちは、実に長いあいだ不規則変化をつづけてきた——1 語ごとの頻度からは考えられないほど長いあいだ。

　これらの動詞はまだ多くの教科書で、不規則変化動詞として登場している。だが現実を見ると、かつて強固だった同盟が崩れつつある。構成員のふたり spoil と learn は、1800 年には規則動詞になっている。以後、さらに4つ——burn、smell、spell、spill——が規則変化になっている。

　「驚くほど…」の意のよくある言い回し（リラックスした話しことばでは than you'd expect の方が普通）。→「文法解説」

❿ once-mighty alliance: [once-X ＋ 名詞]「かつては X だった〈名詞〉」。mighty は「強力な」。[強い系形容詞＋ alliance]「〈強固〉な同盟」のパターンでは [a strong alliance] が特に高頻度。

⓫ [come apart]: 物体や人間関係、組織などがバラバラになって崩壊することを表すフレーズ。[fall apart] とも。

⓬ regularized by 1800:「1800 年には規則変化タイプになっていた」。ただし過去完了で had regularized by 1800 にした方が自然だと感じる話者も多そう。

⓭ [since then]: since は〈継続〉の用法がよく知られているが、ここでは regularize するという変化が then から今までずっと起き続けている（変化しまくり）ということではない。正しくは、regularize するという変化が then から今までの間に起こったということ。例文は次頁❷へ。

❶The results suggest that this trend originated in the United States. But it has **❷**since spread to the United Kingdom, where each year, **❸**a population the size of Cambridge, England, adopts *burned* **❹**in lieu of *burnt*. Today, only *dwelt* still **❺**dwells among the
5 irregulars.

---

❶ The results suggest... : [result + suggest]「(〜という) 結果から考えると、おそらく…だということになる」。学術論文やレポートなどを英語で書かなければいけない人はぜひ使ってみよう。

❷ since: 前頁注❸では前置詞だった since だが、ここでは副詞。意味的にはやはり先ほどと同様、〈継続〉ではない。例：The city was destroyed by an earthquake in 1910 and has **since** been rebuilt.「その都市は1910年地震で破壊されたが、その後再建された」(『ランダムハウス』s.v. *since*)。

❸ a population the size of Cambridge, England:「イングランドのケンブリッジと同じくらいの人数の人々」。a population と the size of Cambridge, England のつながり方については「文法解説」参照。Cambridge, England は、Tokyo, Japan や Paris, France のような［狭い地名 , 広い地名］のパターンに沿っている。スポーツの試合での選手紹介などでは聞き慣れている人も多いかもしれないが、普通に文章や会話の中でも使う。

　例の望遠鏡を覗いてみた結果、こうした傾向はアメリカ合衆国から始まったらしい。だが、その後この傾向はイギリスへも広がり、イングランドのケンブリッジの人口と同じくらいの人々が毎年 burnt の代わりに burned を使うようになっている。今日では dwelt だけが不規則変化に残留（dwell）している。

---

❹ [in lieu of X]:「X のかわりに」（instead of X）の意味のかたい表現。lieu の発音は /luː/。

❺ dwells among the irregulars: [dwell ＋場所表現]「〈場所〉に居住している」のパターンをまったく普通でない形で用いている。その理由はもちろん主語の *dwelt* に合わせてことば遊びをするため。

翻訳の視点から

☞ タイトル"Burnt, Baby, Burnt"

　本作を翻訳する上で最も困るのはタイトルだ。というか、実はほぼ翻訳不可能とも言える。

　タイトルを「Burnt だろ、Burnt と言ってくれ」と訳したのは、「X ＋ 呼びかけ ＋ X」の定着した使い方の 1 つに、相手に注意を促したり、相手を（時に小馬鹿にするようにして）たしなめたりする、（広義の）命令文的な使い方があるからだ。たとえば John という名前の人物を相手に、「少しは頭を使ったらどうだ」と言いたい場合には Think, John. Think. と言えるし（think は動詞なのでこれは普通の命令文）、ことば遣いを注意したい場合には Language, John. Language. と言える（language は名詞だが、Watch your language, John. と言っているようなものなので広義の命令文）。X に入るのはたいてい、この think や language のように短いことば。短いことばを 2 度言うことと、呼びかけを挟むことの動機はたぶん同じで、「こうあるべき」という自分の主張を相手の脳裏に焼き付けようとしている。

　と同時に、このパターンの一種で、（burnt ではなく）Burn baby burn「燃えちまえよ、お前。燃えちまえ」もそれなりに定着している言い方[1]。切実ゆえに生々しい例としては、1965 年、ワッツ暴動（ロサンゼルスで起こった人種暴動）を受け、黒人詩人 Marvin X が発表した "Burn, Baby, Burn" という詩もある[2]。白人中心社会への怒りを表明したこの作品の中では、「Burn, baby burn... / Don't leave dem boss rags 燃えろ、燃えちまえ……／主人にぼ

1　スラングを集めたサイト Urban Dictionary にも項目が立っているし、第 5 章で扱う *A Most Imperfect Union* という漫画でも（残念ながら本書で引用している箇所ではないが）用いられている。

2　"Burn, Baby, Burn" の全文は、次のサイトで読むことができる。https://blackbirdpressnews.blogspot.com/2015/07/is-burn-baby-burn-marvin-xs-greatest.html. また 1960 年代のアメリカ社会については 5 章「本文解説」を参照。

ろ切れだって残すな」という、文字通り命を賭けた抵抗が歌われている（より正確に言えば、Burn baby burn はワッツ暴動の際の掛け声でもあったらしい）。こうした「元ネタ」を知っている読者が "Burnt, Baby, Burnt" という本作のタイトルを見れば、元ネタとの類似性を感じつつ、とはいえ、何を言わんとしているかよくわからない表現だとまずは感じるだろう。その後、本文を読んで内容を把握したとき、burn の過去形として burnt を切望する青年の気持ちが重ねられていたと推測すると思われる。

したがって、明らかに元ネタがあるタイトルなのだが、元ネタが日本では有名でないので、その「面白さ」を余すところなく伝える邦題はないと思われる。本作の既訳書でのタイトル（章題）は、「あるフランス人留学生のとまどい」と、内容を要約する方向に思い切った変更をしているが（エイデン＆ミシェル（2019））、これも見事な判断である。

☞2種類の過去形とスコポス理論

2種類の過去形をどう訳すかも迷うところである。今回は対訳だし、また Google Ngram Viewer のデータという事実を元にしているので、英語を残すかたちにした。

もしこれが小説や戯曲で、登場人物 A は「burnt, learnt …」を使い、登場人物 B は「burned, learned …」を使うという設定であれば、英語を残すことはなく、A は古めかしくしゃべらせ、B は現代語をしゃべらせるといったかたちで訳すことになるだろう。

翻訳理論には、1970 年代に Hans Josef Vermeer という言語学者が提唱したスコポス理論という考え方がある。「スコポス σκοπός」とはギリシア語で「目的」をあらわす語で、ごく簡単に言うと、「どういう目的で訳されるか」を考慮する理論だ。上の例で言えば、文法的解説を含む対訳書と小説・戯曲にはそれぞれ異なるスコポスがあり、そのスコポスに適っている限り、いわゆる「正しい翻訳」とされる。前項のタイトルの例も、日本語訳文だけで内容をパッと伝えねばならない既訳書のスコポスと、翻訳者がしゃしゃり出て

長々解説できる本書のスコポスは大きく違うのである。

☞ おまけ：デジタル・ヒューマニティーズ

　翻訳に関わる話ではないが、もう1つ話題提供を。今回は単純に用例数を Google Ngram Viewer で見るという初歩的な技術が使われているが、こうしたビッグデータやデジタル技術を用いた人文学はデジタル・ヒューマニティーズと呼ばれ、近年脚光を浴びている。本文は、章扉に記した通り、入門的な一般向け解説書から取った。また、近代日本文学を対象としたデジタル・ヒューマニティーズの専門書として、ロング（2023）がある。興味がある方はこちらも参照されたい。

文法解説～英語をさらに深く理解する

☞ but と still の組み合わせ —————————— p.19 注❹

　逆接の接続詞 but と逆接の副詞 still を組み合わせる、と言うとずいぶんくどく感じるかもしれないが、実際にはとてもよくある言い回しである。

(1)　[状況説明] 語り手は（自分に恨みを持つ叔父の）Slim に監禁され暴力を振るわれている。

　'Look at me when I'm talking to you,' he [=Slim] said.
　But still, I kept my eyes fixed on the floor, refusing to return his gaze.

(Paul Auster, Mr Vertigo)

　「俺が喋ってるときはちゃんと俺の方を見ろ」とスリムは言った。
　それでもなお、俺は目を床に釘付けにしたまま、奴の凝視を見返そうとしなかった。

（柴田元幸（訳）『ミスター・ヴァーティゴ』）

　面白いのは、口語的な英語では But still. というふうに still で文を終える用法が確立していることである。実例をいくつか示すので、どのような点が

共通しているか考えてみよう。

(2) [**状況説明**] Marshallは赤ん坊が生まれてからの生活に備えて練習する
   ことに夢中になっている。以下は妻Lilyがこのことを友人に愚痴ってい
   る場面。

   I woke up the other day, he had swaddled me. Sure, it was the best night's
   sleep I had had in months, **but still**.

   （［ドラマ］ *How I Met Your Mother*, S7E22）

   この前起きたら、マーシャルったら、私のこと赤ちゃんみたいにくるんでたの。たし
   かに「こんなによく眠れたの何ヶ月ぶりかしら」ってくらい眠れたけど、でもあんま
   りでしょ。

(3) [**状況説明**] テキサス州からカリフォルニア州に移住してきたElsaたち
   は、現地で差別を受け、店から追い出されたり、家を貸してもらえな
   かったりしている。

   What was wrong with these people? Elsa knew she wasn't as clean as she
   could be and was obviously down on her luck, **but still**.

   （［小説］ Kristin Hannah, *The Four Winds*）

   ここの人たち、一体どうなってしまっているの？ エルサは自分があまり清潔な身な
   りをしていないことも、明らかに運に見放されていることもわかっていたが、それに
   してもあんまりだ。

(4) [**状況説明**] 洗脳されて凶暴になってしまった幼なじみPeetaがAnnieと
   会話しているのを、語り手Katnissが黙って聞いている場面。

   "My pleasure, Annie," says Peeta, and I hear that old note of gentleness in
   his voice that I thought was gone for ever. Not that it's directed at me. **But
   still**. （［小説］ Suzanne Collins, *Mockingjay*）

   「どういたしまして、アニー」とピータが言う。私はその声を聞いて、かつてのピータ
   の優しく穏やかな感じが戻ってきたように感じる。もう二度と戻ってこないと思って
   いた、あの感じが。もちろんこれは私に向けられた言葉ではない。でもそんなことは

関係ない。

これらの例に共通しているのは、話の流れである。具体的には、

〈主観的評価〉を明示・暗示

↓

〈主観的評価〉を覆しうる事柄の提示

↓

but still（そうはいってもやっぱり〈主観的評価〉）

という流れが共通している。たとえば (2) では、I woke up the other day, he had swaddled meの部分で、夫Marshallが子育てに向けて必死になりすぎていて良くないという主観的評価を暗示している。続くSure, it was the best night's sleep I had had in monthsは、「良くない」という主観的評価を覆しうる事柄である。おかげでよく眠れたのは事実だから、Marshallのしていることはそう悪いこととも言い切れないと認めているわけだ。そして最後のbut still.では、そうはいってもやっぱりMarshallの振る舞いは馬鹿げている、良くないと元の主観的評価に戻ってきている。

　表現を覚えるときにはこのように「どんな話の流れで使うのか」まで覚えることが重要になる場合が結構ある。覚える量が増えて大変そうと思うかもしれないが、これが案外覚えやすい、というか、むしろこの方が覚えやすかったりする。語学って時に予想外。

☞ 位置の2段階指定 ———————————— p.20 注❻

　英語では人や物の位置を語る時に、「漠然と大雑把に言う→細かく正確に言う」という2段階のステップを踏むことが非常に多い。以下の2例を見てみよう。

(5) Honey, this magazine says more and more couples are opting to have nontraditional weddings **out in the woods**.

（[ドラマ] *How I Met Your Mother*, S1E12）

ねえ、この雑誌で読んだんだけど、伝統にとらわれないで森で結婚式をあげるカップルが増えてきてるんだって。

(6) We're **up on the roof** bouncing laser beams off the moon.

（［ドラマ］*The Big Bang Theory*, S3E23）

俺たち今、屋上で月にレーザービームぶつけて跳ね返ってこさせて遊んでるんだ。

(5) ではoutという漠然とした位置指定の後に、in the woodsというもっと具体的な位置指定が続いている。「outはoutでもどこなのかというと、in the woods」ということだ。(6) も同様で、upとだけ言われてもどのくらい上なのかわからないところ、on the roofと来ることで「そこなのね」と納得できる。本文のback in Franceも、backが「前にいた場所で」というどこのことだかはっきりとはわからない表現の後に、in Franceと具体化されることで、どこのことなのかしっかりわかるようになる。より詳しくは平沢（2021: 第1章）を参照されたい。

☞ 比較級＋than you would expect —————— pp.20–21 注❾

これは注でも述べた通り「驚くほど…」の意のよくある言い回しなのだが、どうして would が入っているのか、would があるのとないのとでは何が違うのか、気になった人もいるだろう。もう1例だけ実例を追加してから解説したい。主語が you ではなく one になっているが、ここではそれによるニュアンスの違いには目をつぶって、ほぼ同じようなものだと思ってほしい。

(7) **［状況説明］** Elaineはあるホームムービーを見ている。

The movie shifts to the kitchen. Elaine leans forward. On the screen before her, a conversation between Samantha and Nathan. Just a friendly chat, nothing suspicious. It takes a trained eye. The two neighbors are standing farther apart **than one would expect**.

（［短編小説］Jerry M. Burger, "Home Movie"）

台所のカットになると、イレインは身を乗り出す。目の前のスクリーンに映し出されているのはサマンサとネイサンの会話だ。ただの親しげなやりとりで、怪しいところは何もない。素人目には分からないのだ。ご近所さん同士のこの2人、実は、やけに離れて立っている。

　本文の例とホームムービーの例の重要な共通点は、普通はそもそもそんなことを予想しようとしないということである。「この動詞の過去形の頻度はこれくらいだから、不規則動詞のまま〇〇年くらい持続しそうだ」とか「この隣人同士の2人は〇〇くらいの距離をおいて立つのではないか」とかいった予測は普通しないだろう。だから、than {you / one} would expect というふうに would を使って、「予想しろと言われたら予想するであろうよりも」という感じ、仮定に基づいている感じを出しているのである。もちろん、実際に予想をするのだとしたら would を入れないのが正しく、たとえば『ロングマン英和辞典』のウェブ版[3] の you never know の項には *You never know, the results might be better than you expect.*（もしかしたら、予想以上の結果が出るかもよ）という例文が載っているが、これは「結果は〇〇くらいだろう」という予測を実際にすることを前提にした英文として正しい。

☞ あなた人間じゃなくて年齢だったんですか！————— p.22 注❸

「実は僕、あなたのお父さんと同じ年齢なんですよ」と言われた人が、「え、若く見えますね！」と驚くことはあっても、「え、あなた人間じゃなくて年齢だったんですか！」と驚くことはないだろう。「僕は…年齢なんですよ」というのはそういう意味ではない。同じように、「この家は予想通りの大きさだ」という文は、この家は物体ではなく大きさという抽象概念なのだということを意味するものではない。なんともいい加減な言い方をするものだ。

　これと似た現象が英語のセンテンスにも起こる。

(8) So <u>we're the same **height**</u>.　　　　　（［ドラマ］*Star Trek: Voyager*, S1E7）

3　https://www.ldoceonline.com/jp/dictionary/english-japanese/

たしかに私たちは同じ身長だ。

(9) **［状況説明］** Sachikoの娘がくじ引きで大きな木箱を当てた。語り手は
Sachikoの友人。

"What a strange-looking thing," she [=Sachiko] said, passing it to me.
<u>It was the **size** of an orange box</u> and surprisingly light [...].

（［小説］Kazuo Ishiguro, *A Pale View of Hills*）

「なんておかしな見た目なんでしょう」とサチコは言って、木箱を私に渡した。
木箱はみかん箱くらいの大きさで、驚くほど軽かった [...]。

(10) This may be hard to believe, but when <u>I was your **age**</u> I was picked on just
for having my own special sense of style.（［ドラマ］*Fuller House*, S2E7）

信じられないかもしれないけど、お母さんも、あんたくらいの年齢だった頃、ファッ
ションセンスが独特だっていじめられてたのよ。

こういう現象は「形状・色彩・年齢・価格・職業などを表す名詞」で起こる
と安藤（2005: 409）は正しく指摘する。(7)–(9)のheight、size、ageは確かに
こうしたタイプの名詞だ。

　以上を踏まえて、少し発展したバージョンとして以下の実例を読んでみよ
う。

(11) He ain't got much use for <u>a house this **size**</u> now.

（［小説］Kazuo Ishiguro, *The Remains of the Day*）

もうこんな大きさの家があっても使い道がないというわけでしょうな。

(12) **［状況説明］** Brown家の父親HenryへのPaddington（この家で暮らして
いるクマ）の発話。

Well, I think you're in great shape for <u>a man your **age**</u>, Mr. Brown.

（［映画］*Paddington 2*）

いや、ブラウンさんは年齢を考えるとずいぶん若々しく元気だなって思いますけど。

(13) It was <u>an odd tall paperback the **thickness** of a Yellow Pages</u>.

（［短編小説］Jonathan Lethem, "Entry of Buildings"）

それは職業別電話帳くらいの厚さの変な大きな本だった。

下線部で名詞のかたまりが2つ連続していて驚いたかもしれない。慣れないうちはa house (which is) this size、a man (who is) your age、an odd tall paperback (which was) the thickness of a Yellow Pagesというふうに（関係代名詞＋be動詞）を補って読むことによって (8)–(10) と形を似せて理解してもいい。ただ、実際の英語では (11)–(13) のように名詞かたまり2連続の形でもよく使うのだから、いつかはそれを補助輪なしでストレートに理解したり発したりできるようになりたいものである。本文のa population the size of Cambridge, Englandも、a population (which is) the size of Cambridge, Englandと加工することなく向き合いたい。

本文解説 ｜ 内容をじっくり考えるヒント

医学系の情報と違い、間違っていたところで死にはしないからかもしれないが、言語に関する情報——とりわけ英語に関する情報——は、都合が良いものだとろくに調べも考えもせずに受け入れられてしまうきらいがある（逆に不都合な情報はろくに調べも考えもせずに否定される）。今回の文章は、不規則動詞の活用を覚える必要性が減るという話につながりうる内容であるから、少なくとも一部の英語学習者にはすこぶる好都合で、大喜びで受け入れたくなるものだろう。しかし、本書は精読の本だ。表現を理解したり翻訳したりすることに加えて、内容について調べたり考えたりしてこそ精読だろう。

それで本文の内容をじっくり考えてみたときに、「ん？」と引っかかりうる指摘の１つは、引用箇所最終段落の The results suggest that this trend originated in the United States. だ。この the results は、それまでの段落で見てきた「burnt → burned 型の不規則動詞の規則化」という英語全体の傾向のことを指すというのがすぐに浮かぶ解釈である。しかし、もし仮にこの傾向が本当に英語全体に見られるとして、その英語全

体の傾向がアメリカ発祥なんてことは言える（suggest される）のか？ここはぜひとも本文を読んだときに疑問に思ってほしかった。イギリス英語などアメリカ英語以外の英語との比較を results に含まない限りは「burnt → burned 型の不規則動詞の規則化という英語全体の傾向はアメリカ発祥」という結論にはならないはずである。

　Google Ngram Viewer では、アメリカ英語とイギリス英語のデータを合わせたものを検索対象とすることもできれば、アメリカ英語のデータとイギリス英語のデータを別々に検索することもできるので、（最新データではなく本文筆者が利用したであろう 2012 年時点のデータを対象に）burned と burnt で検索をかけてみたところ、以下のような結果が得られた。縦軸がパーセント表記になっているが、本文に合わせて per million

Google Ngram Viewer に見るアメリカ英語＋イギリス英語の burned と burnt

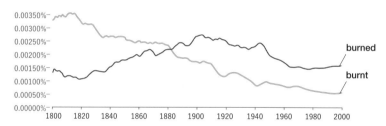

Google Ngram Viewer に見るアメリカ英語の burned と burnt

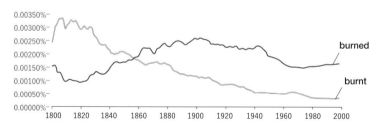

Google Ngram Viewer に見るイギリス英語の burned と burnt

の語数で言うと 0.00100% が 10 語に対応する。

　こうして並べてみると、本文の筆者が提示している図（burned が burnt を 1882 年に追い抜いている図）はアメリカ英語とイギリス英語を合わせたデータに対応していることがわかる。そして、アメリカ英語の場合には burned が burnt を追い抜くタイミングがもう少し早いこと、イギリス英語の場合には burned が burnt を追い抜くタイミングがそれらよりもずっと後（それも追い抜いたといっても差はごくわずか）であることがわかる。こうしたことまで含めて考えて初めて、「burnt→burned 型の不規則動詞の規則化という英語全体の傾向はアメリカ発祥」という仮説が正しそうに見えてくるわけである。おそらく本文の筆者はこうしたイギリス英語まで含めた調査を自分では行っており、そこまで含めて The results ... と言ったのだろう（それを明示していない点で不親切な書き方だという批判も可能かもしれない）。

　また、本文でもう 1 つ気になってほしかったところがある。それは引用箇所第 1 段落最終文の he should have ... という部分である。ここには「…するべきだった」という価値判断が含まれている。また、本書では引用しなかったが、この文章は The student was wrong to feel *burnt* ... He should have felt *burned.* で締めくくられる。もはや wrong とまで言っているのだ。Wrong ！

　burnt は、burned に負けていると言っても、2000 年の使用頻度を見ると 100 万語中 5 回くらいは出てきているのだ。著者の 1 人（平沢）の専門分野を指す linguistics という単語を Google Ngram Viewer で検索すると 2000 年における使用頻度は 100 万語中 4 回くらいらしいので、burnt を使ってはいけないなら言語学は禁断の学問になってしまう（それはそれでかっこいいが）。イギリス英語ではそもそも burnt がまだ burned と拮抗しているわけで、イギリス英語を身に付けたいと思って勉強している人に「burnt は wrong だよ」だなんて言えないのは明らかだろう。それと、まあこれはあまり魅力的でない論拠かもしれないが、burnt の方が圧倒的に自然な場合というのがアメリカ英語でも依然としてあって、たとえば burnt sienna、burnt umber、burnt orange といった色の名前だと burnt の方がはるかに普通だ。

　人間はときに語源にさかのぼって「これが正しいことば遣いだ」と言ってみたり、ときに最新の傾向に心奪われて「これが本物の英語だ」と言ってみたり、実に忙しい。もうちょっと落ち着いて、広い視野と心をもって、ことばを見つめられないものかと思うことが多い。

2

June Casagrande,
"5 Grammar Mistakes Even the Best Writers Make" (2018)

*

ジューン・カーザグランデ
「名文家でも犯す5つの文法間違い」

　タイトル通りの文章である。本書では「5つの文法間違い」より、厳選して 1, 3, 4 の3つを収録した（せっかくなので2と5については補足コラムで紹介した）。

　著者の Casagrande は、文法や語法の解説を専門的に執筆する作家。ここに掲載したのは、2018 年にペンギン・ランダムハウス社のウェブサイトに掲載された文章で、いかにもこの手の話題に関心がある人向けという感がある。

Everyone makes grammar mistakes. But we make them ❶at different levels. Someone with no interest in words or writing might ❷be more prone to ❸confuse "you're" and "your" or "its" and "it's." ❹At the other end of the spectrum, serious ❺wordsmiths ❻are
5 more inclined to commit ❼errors involving "whom" or coordinate subjects like "John and I." Here are five errors ❽even the most literate people make.

1. "Whom" between clauses.

10 To understand the most common ❾"whom" errors, first compare

---

❶ at different levels: 「様々なレベルで」。低レベルなミスもハイレベルなミスもするということ。[different 複数名詞] は「様々な…」という意味になることが多い。[at ... level]「…なレベルで」は頻繁に用いられるパターン。例：students **at** intermediate **level** (*OALD* online, s.v. *level*)「中級レベルの学生」。

❷ be more prone to: [be prone to V]「（主語の一時的または恒常的な性質ゆえに）V してしまいがちだ」。more とあるが、何と何を比較しているのか？ →次頁注❻

❸ confuse "you're" and "your" or "its" and "it's": 「"you're" と "your" を混同したり、"its" と "it's" を混同したりする」。英語母語話者にありがちな混同。ちなみに than と then の混同または書き（打ち）損じもよく見かける。例：How do I close a Safari alert that's taller **then** the screen? (https://apple.stackexchange.com/questions/250120/how-do-i-close-a-safari-alert-thats-taller-then-the-screen)「サファリのアラートがでかすぎてスクリーンからはみ出てるときって、どうしたら閉じれるんですか？」

❹ At the other end of the spectrum: 「グラデーションのもう片方の端では」。spectrum はある用法では色のスペクトルを指す。例：Red and violet are at opposite ends of the **spectrum**. (*OALD*, s.v. *spectrum*)「赤色とすみれ色はスペクトルの両端だ」。加えて、色のスペクトルに限らず直線的に伸びるグラデーションを広く指す用法もある。例：The two parties represent opposite ends of the political **spectrum**. (*OALD* online, s.v. *end*)「この

　誰もが文法上の間違いを犯す。とはいえ間違いのレベルはさまざまだ。言葉や執筆にまったく関心がないひとは、you're と your、あるいは its と it's を混同しがちかもしれない。こうしたひとの反対の極には、真剣にものを書く言葉のプロがいる。この手のプロは whom がらみの間違いや、"John and I" のような等位接続詞でつながった主語に関する間違いを犯しがちだ。以下、たいへんな教養人でさえ犯す5つの間違いを見てみよう。

1．節と節のあいだの whom

　最も一般的な whom の間違いを理解するため、まずは代名詞 whom を含

2つの政党は政治的な立場に関して両極に立っている」。ここでは間違いのレベルのグラデーションが想定されている。「低」の端の話はすでに出したので、今度は「高」の端の話に。

❺ wordsmith:「言葉のプロ」。

❻ are more inclined to: ここで前頁注❷の謎が解け、Someone with no interest in words or writing は高レベルなミスよりも低レベルなミスの方に傾くということだったとわかる。一方、serious wordsmiths は高レベルなミスの方に傾く。

❼ errors involving "whom" or coordinate subjects like "John and I":「"whom" や、等位接続された "John and I" のような主語にまつわる間違い」。involve はこのように「重要な一部として含む」の意味で用いることができる。例: a job **involving** traveling abroad each month「毎月海外出張を必要とする仕事」（『ランダムハウス』s.v. involve）。coordinate はここでは「等位のものからなる」の意の形容詞。

❽ even the most literate people:「どんなに literate な人たちでも」。例: **Even the most** boring meeting was enlivened by Dan's presence. (COBUILD, s.v. enliven)「どんなに退屈な会議でも、ダンがいるだけで活気づいた」。literate はここでは「読み書きができるような」ではなく「（読み書きがどのくらいできるかにあらわれるような）教養がある」の意。

❾ "whom" errors:［名詞＋名詞］の複合語（→5章「文法解説」）。「whom という表現にまつわる間違い」。

two sentences that do not contain the ❶pronoun "whom": "I know him." "I know he works hard." Why does the first use an object pronoun, "him," while the second uses the subject pronoun "he"? Aren't they both the object of the verb "know," and if so, shouldn't
5　they be in the object form: him? ❷Obviously not. "I know him works hard" is clearly an error. ❸Yet the same error ❹isn't as clear when ❺we're dealing with "who" and "whom."　Look at this example: "The manager wanted to hire ❻Yale alumni whom he knew would ❼fit in well at the company." ❽That's a mistake. It should be "who."
10　The object of the verb "knew" is not a single pronoun, "whom." ❾It's a whole clause: "who would fit in well." That verb phrase "would fit in well" needs a subject, so it needs the subject pronoun "who" and not the object pronoun "whom."

---

❶ pronoun:「代名詞」。whom は厳密には relative pronoun（関係代名詞）。

❷ Obviously not: この not は they shouldn't be in the object form: him という否定文をまるっと 1 語にまとめたもの。→「文法解説」

❸ Yet:「しかし」。

❹ isn't as clear: この as は同等比較の 1 つ目の as で、isn't as clear as "I know him works hard" ということ。

❺ we're dealing with "who" and "whom.": ある英英辞典によれば「注意・関心を向ける必要のある物事や人を deal with するとは、その物事や人に注意・関心を向け、さらには、多くの場合、その物事や人に関わる問題解決や判断・決定をすること」（COBUILD, s.v. deal with）。ここでは文法的に間違いかどうかを判断することを言っている。

❻ Yale alumni:「イェール大学の卒業生」。alumni /əlʌ́mnaɪ/ の単数形は alumnus /əlʌ́mnəs/。「核」の nucleus /n(j)úːkliəs/—nuclei /n(j)úːkliàɪ/ や「半径」の radius /réɪdiəs/—radii /réɪdiàɪ/ と同じ対応関係。

❼ [fit in well]:「周囲の環境になじむ」。

❽ That's a mistake. It should be "who.": Yale alumni who he knew would

まない2つの文を比べてみよう——"I know him." "I know he works hard." 1つ目の文は目的格の代名詞 him を使っているのに、2つ目は主格の代名詞 he を使っているのはなぜか？　どっちも動詞 know の目的語ではないか？　であれば両方とも目的語の形 him となるべきじゃないか？　もちろん、そうではない。"I know him works hard" はどう見ても間違いだ。けれども、話が who と whom になると、同じ間違いがそう明白ではない。例えばこんな文——"The manager wanted to hire Yale alumni whom he knew would fit in well at the company." これは間違いで、who とすべきである。動詞 knew の目的語は、whom という代名詞1つではなく、"who would fit in well" という節全体だ。その動詞句 "would fit in well" には主語が必要だから、目的格の代名詞 whom ではなく、主格代名詞 who が必要なのだ。

---

fit in well at the company ということ。who は Yale alumni を先行詞とする関係代名詞。解説のために、that 節の that やら、関係詞と対応する空所やらをごちゃごちゃ補うと、Yale alumni who he knew (that) ___ would fit in well at the company となる。意味は「fit in well at the company するだろうと彼が確信している Yale alumni」ということ。Yale alumni は（he knew (that) 節内の）would fit の主語に相当するものなのに、who ではなく whom なんて言ってしまったら、まるで Yale alumni が目的語みたいに聞こえてしまう、というのがここで筆者が言いたいこと。しかし、"mistake" や "should" という筆者のことば遣いは果たして適切か？　→「本文解説」

❾ It's a whole clause: "who would fit in well.": 「動詞 knew の目的語は who would fit in well という節全体なのだ」。この書き方は非常に misleading だと思う（直結したら knew who would fit in well となって、「誰が馴染みそうかをわかっている」という全く別の意味になってしまうので）。正確には動詞 knew の目的語は注❽の通り (that) ___ would fit in well at the company である。

3. ❶Faulty parallels.

What's wrong with the following sentence? "Carrie says Brian plans to study biology, math, French, economics and is considering joining the soccer team." This sentence contains an error called a
5 faulty parallel, which occurs ❷when listed items fail to attach the same way to a ❸stem. Here the stem is "plans to study." We're saying Brian plans to study biology, plans to study math, plans to study French, and so on. To avoid repetition, make all the items in the list share ❹a single "to study." It works fine until we get to the last
10 item: "is considering joining the soccer team." ❺Our broken parallel says, "Brian plans to study is considering joining the soccer team." That's nonsense. Sometimes, fixing a faulty parallel ❻is as simple as inserting "and" before ❼the last true parallel item. "Brian plans to study biology, math, French, AND economics and is considering
15 joining the soccer team." Other times, it's easier to ❽break up the sentence.

---

❶ [faulty parallel]: faulty は「まともに機能しない、欠陥のある」。parallel はここでは名詞で「類似したもの」の意。faulty parallel は文章のお作法に関して語るときによく用いられる言い方で、類似したものを並べるべきなのにそれができていないことを指す。

❷ when: この when が日本語の「時」となんか違うと感じた読者は、今後もそういう〈ことば〉の感性を大事にしてほしい。→「文法解説」

❸ stem:「幹」。植物では幹から枝にわかれていくが、それと同じように eat eggs and a pancake という並列表現は eat という幹から eggs や a pancake という枝にわかれていく、という発想。

❹ a single "to study": "to study" という表現が、言語表現としてはひとかたまりということで、可算名詞（単数）として扱われている。

❺ Our broken parallel says ... :「壊れた並列が意味する（say している）のは…」という意味だが、本当にそんなことを say していることになるだろうか。→「本

40

3．並列ルール違反

　次 の 文 の 間 違 い は 何 だ ろ う？ ——"Carrie says Brian plans to study biology, math, French, economics and is considering joining the soccer team." この文には、並列ルール違反という間違いがある。つまり、リストアップされる項目と主軸部分とのつながり方が、同じになっていないという間違いだ。この例文の主軸部分は "plans to study" だ。言わんとする内容としては、ブライアンは biology を勉強するつもりだし、math も勉強するつもりだし、French も勉強するつもりだし……と続く。反復を避けるため、リストアップされている全ての項目を、1つの "to study" に繋げてみよう。順調に進むのだが、やがて最後の項目 "is considering joining the soccer team" に行きつく。ここで並列が壊れてしまう——"Brian plans to study is considering joining the soccer team." 意味不明だ。並列ルール違反を正すには、本来最後にくるべき項目の前に and を入れるだけで済む場合もある——"Brian plans to study biology, math, French, AND economics and is considering joining the soccer team." あるいは、文を分ける方が簡単な場合もある。

文解説」

❻ is as simple as ... :「いたって単純で、…するだけでいいのだ」。[X is as simple as 単純な行為（話、etc.）] は X がいかに simple であるかを強調するためによく用いられるパターン。特に高頻度なのが It's as simple as that. という言い回し。例：We lost because we played badly. **It's as simple as that**. (*OALD* online, s.v. *simple*)「俺たちが負けたのは、プレーが良くなかったからだよ。いたって単純な話だ」。この例では、it が指すのは（おそらく発話時以前から話題になっている）「負けた原因」。that は直前の we played badly を指す（ここに6章「文法解説」pp.170-174 の指パッチン解釈を被せる話者もいそう）。

❼ the last true parallel item: ここで著者が指しているのは economics のこと。

❽ break up the sentence: [break X up]「X を複数の部分にわける」。

4. **❶Danglers.**

❷Here's **❸**another "what's wrong with this sentence?" test for you: "**❹**Walking down the beach, my shoulders got sunburned." Answer: Shoulders can't walk. This is called a dangler—a
5 modifying phrase that appears to **❺**modify **❻**the wrong thing. To fix these, put the modifying phrase closest to the thing it modifies. What is "walking down the beach"? A person. So **❼**name the person who was walking: "Walking down the beach, I got a sunburn on my shoulders." When the dangling phrase is **❽**an "ing" or "ed"
10 participle like "walking," it's called a **❾**dangling participle. When

---

❶ dangler:「ぶらぶら語句：dangling participle など文自体との関係がゆるいもの」(『ランダムハウス』s.v. *dangler*)。dangling participle は本文中でこの後登場。

❷ [Here's X for you]:「さあ X をどうぞ」。日本語の「つまらないものですが」はいかにも日本語的などと言われることが多いが、英語にもこのパターンを使った **Here's** a little something **for you**. という言い方がある。

❸ another "what's wrong with this sentence?" test: another は "what's wrong with this sentence?" test 全体を包み込む。"what's wrong with this sentence?" test は先ほどの "whom" error と同じ構造。複合語の第 1 要素がセリフっぽい類例：her old **if-only-I-could-swat-you** look([短編小説] Kazuo Ishiguro, "Malvern Hills")「昔ながらの「ああ、お前に平手打ちを食らわすことができたらなあ」という目つき」。if only については p.163 注**❼**へ。

❹ Walking down the beach:「ビーチをまっすぐ歩いていて」。この down は何かに沿ってまっすぐ進んでいくということを表すだけであり、ビーチが坂になっていることを示すものではない。[移動表現 down 細長いもの]「〈細長いもの〉をまっすぐ〈移動〉」という高頻度パターン。たとえば walk down the hall と言えば「廊下を歩く」の意。

❺ modify: 表現が表現を「修飾する」。

❻ the wrong thing: [the {right / wrong} X]「然る {べき／べきでない} X」。「良

4. ぶらぶら語句

　ふたたび、「次の文の間違いは何だろう？」クイズをしよう——"Walking down the beach, my shoulders got sunburned." 答え——shoulders は歩けない。これは「ぶらぶら語句」と呼ばれている。然るべきものではないものを修飾しているように見える語句のことだ。正しく直すには、修飾語と修飾されるものの位置をできるだけ近づければいい。「Walking down the beach 浜辺を歩く」のは何か？　人間だ。だから歩いている人間にしっかり言及すればいい——"Walking down the beach, I got a sunburn on my shoulders." ぶらぶら語句が walking のように -ing や -ed で終わる分詞の場合、ぶらぶら分

い／悪い」ではなく「然る ｛べき／べきでない｝」で捉えるのがポイント。映画 *Walk Hard* で双子のうちやんちゃ坊主の方が優等生の方を殺してしまうという事件が起こった後、父親が、生き残った子どもに対して **The wrong** kid died. と言い放つ場面がある。死ぬべきでない方の子が死んだという残酷な台詞であるが、字幕はなんと「いい子が死んだ」。これは名訳であって誤訳ではない。

❼ name: この name は「名付ける」ではなく「（表現として）表に出す、言う」の意で、mention に近い。元の my shoulders got sunburned では人間が my の中に埋もれており人間自体が mention されている感じが強くないのに対して、改訂案の I got a sunburn on my shoulders では I という形で人間がもっとはっきりと mention されている。この name は、例をいくつか挙げた後に用いる [(just) to name a few]「（ほんの）いくつか例を挙げると」や、店が宣伝のために言う [You name it, we have it!]「お客様がほしいとおっしゃるものはなんでも取り揃えてございます！」などにも含まれている。

❽ an "ing" or "ed" participle: an "ing" participle は現在分詞（I'm <u>working</u>）、an "ed" participle は過去分詞（Sorry, that seat's <u>taken</u>）。

❾ dangling participle:「懸垂分詞」。江川（1991: 347）では「ずっこけ分詞」。「ぶらぶら」「ずっこけ」とこのあたりは用語がキュート。

it's a single word or phrase, it's just ❶a general dangler, as in, "❷A woman of great accomplishments, ❸the promotion was bestowed on Mary." Again, ❹just ❺put the recipient of the modification, Mary, as close as you can to the modifying phrase: "A woman of great
5 accomplishments, Mary got the promotion."

---

❶ a general dangler:「広い意味でのぶらぶら語句」。

❷ A woman of great accomplishments:「数々の偉業を達成した女性」。[a {woman / man} of great X] はよくある言い回し ("of ＋抽象名詞 ＝ 形容詞" という式だけでは、母語話者が使っている具体的な知識をとらえたことにはならない)。例１：**a woman of great** learning (*OALD*, s.v. *learning*)「大変学識のある女性」。例２：**a man of great** integrity (*OALD* online, s.v. *integrity*)「非常に誠実な男性」。

❸ the promotion was bestowed on Mary:[bestow 称号など on 人]「〈人〉に〈称号など〉を授ける」。

❹ just: ここではアドバイスの内容である put ... を単純・シンプルなこととして描き出す働き。→「文法解説」

❺ put the recipient of the modification, Mary, as close as you can to the

詞と呼ばれる。単語や句であれば、広くぶらぶら語句と呼ばれる。例を挙げよう——"A woman of great accomplishments, the promotion was bestowed on Mary." この場合も、修飾される人物、つまり Mary を、なるべく修飾語に近づければいい——"A woman of great accomplishments, Mary got the promotion."

---

modifying phrase:「the recipient of the modification すなわち Mary を、the modifying phrase にできるだけ近づけよう」。[位置・移動 as close as possible to X]「可能な限り X の近くに〈位置・移動〉」という高頻度フレーズの possible が you can になった形。

翻訳の視点から

　今回は文章の性質上、英語の例文はすべて日本語に訳出していない。念のため、「正しい英文」がどんな意味か（それは「間違った英文」が何を意味しようとしていたか、と同義）、まとめておこう。

The manager wanted to hire Yale alumni who he knew would fit in well at the company.
経営者は、会社の環境に間違いなくなじめるであろう、イェール大卒の者を雇いたかった。

Carrie says Brian plans to study biology, math, French, and economics and is considering joining the soccer team.
キャリーによればブライアンは、生物学、数学、フランス語、経済学を勉強するつもりだし、サッカーチームにも入ろうと考えている。

Walking down the beach, I got a sunburn on my shoulders.
浜辺を歩いたので肩が日焼けした。

A woman of great accomplishments, Mary got the promotion.
メアリーは多くの偉業を達成した女性であり、昇進した。

　少し話を一般化すると、特に文芸翻訳の場合、「間違った英語をどう訳すか？」という問題がときどき発生する。その間違いが重要な意味をもつ場合、何かしらのかたちで再現する必要がある。たとえば、南アフリカの作家 Ivan Vladislavić の *The Restless Supermarket*（2012 新版）という長篇小説より、この不思議なタイトルの意味が明かされる場面を見てみよう（pp. 86-87）。

After half an hour of fruitless argumentation, the manager of the Restless Supermarket — he had introduced himself as Stan, although the badge on his lapel clearly said Stelios — showed me into his little office [...]. He said:

'My friend, we ollaways open. You come any day, twenty-four hour.'

'I accept that Stelios (if I may). But my point is that "restless" doesn't mean that you never rest. Don't you see? It means, and I quote, never still, fidgety.'

> 30分に及ぶ実りなき討論の末、《休まらぬスーパーマーケット》の店長——この男、スタンと名乗ったが、下襟の名札には間違いなくステリオスと書かれていた——は、狭い店長室へ私を招き入れた。[…] やがてこう話した。
> 「私たちずっと開いてます。どの日も、24時、来てだいじょぶです」
> 「それは承知しています、ステリオスさん（よろしければこうお呼びしたい）。ですが、私が申しているのは、「休まらぬ」は休まないという意味にならないということです。お分かりになりますか？ 「休まらぬ」は、辞書を引用すれば、じっとしていられない、落ち着かないという意味なのです」

　スーパーマーケットの店長は、restless が「年中無休の24時間営業＝休みがない」の意味になると誤解しているわけだ。この間違いが小説のタイトルでもあるので再現したいところであり、幸い、日本語でも似た誤解を生じそうな「休まらない」という語があるので、拙訳ではそれを活用してみた。店長の台詞が訛っていたり（十中八九、ollaways は always の訛）、文法的に不正確であったり（せめて You may/can come any day と助動詞は欲しい）するので、Stelios というギリシャ系と思しき名前からしても、店長は英語が母語でないのだろう。そのため、店長の台詞それ自体も、「間違った英語をどう訳すか？」という問題に直結する。

　この店長の台詞の訳し方と、本文で挙げられていたような「よくある文法ミス」をどう訳すかという問題は、一部重なり合う。*The Restless Supermarket* の店長の場合、「よくある文法ミス」よりは「間違っている感」を強めたいところだが、間違いを1対1対応させて再現するというより、自然なたどたどしさを再現することが重要だろう。一方、この店長とは違って「よくある文法ミス」程度しか崩れていない登場人物の発話であれば、「間違っている感」を出すよりも会話としての自然さを目指すことになるだろう。その結果、「食べれる」や「言ってた」などの、いわゆる「間違った日本語」

を訳文として使うことになるかもしれないが、それはあくまで結果であって、間違いそれ自体を再現することが目的ではないはずだ。

　ところで、The Restless Supermarket の語り手は、引退した校正者の老人という設定なので、ことばの間違いをうるさいほど指摘する。引用部でも、店長が自分で名乗る名前を無視し、あえて名札の「正式名」を呼ぶという振る舞いに正しさへの固執が見て取れる。そして、この小説の読みどころのひとつは、こうしたことば遣いへの頑強さが象徴となって、語り手が時代の変化に馴染めないことが、ユーモラスかつ痛々しくも不気味に浮かび上がってくる点である（引用部のみから「頑強さ」を読み取るのは難しいが、非ネイティヴにも容赦なく「正しさ」を押しつけていることは明らかだ）。本作がポストアパルトヘイト文学の代表作と呼ばれていることを知ると、不気味さが増すだろうか。ことばに正誤が一切ないとは言わないが、そんなに白黒はっきりつけられるかという点は、たとえば本章や前章の本文解説を参照されたい。

文法解説〜英語をさらに深く理解する

☞否定文をまるっとまとめる not ────────── p.38 注❷

　英語の not は日本語の「ない」と結構違う。違いの１つは否定文全体をまるっとまとめる能力を持つかどうかだ。まずは［not ＋副詞要素］のパターンを見てみよう。

(1) ［状況説明］Alan Turing が、人間の脳を機械で再現することの難しさを語っている。

[...] every tiny problem we solved, a million others would pop up. Have you any idea what it takes to catch a ball, or raise a cup to your lips, or make immediate sense of a word, a phrase or an ambiguous sentence? We didn't, **not** at first. （［小説］Ian McEwan, *Machines Like Me*）

[…] 小さい問題を解決するたびに、他の問題が山ほど発生した。ボールをキャッチしたり、カップを口元に運んだり、単語やフレーズ、曖昧な文の意味を即座に理解したりするのには何が必要か、わかるかね。私たちにはわからなかったんだ、はじめのうちは。

(2) Harkins: Now, go home.

Reg: I won't leave, **not** until you've heard what I have to say.

Harkins: Reg! Don't make me call security.

（［ドラマ］*Star Trek: Voyager*, S6E10）

ハーキンズ： さあ、家に帰りなさい。
レッジ： 私はここを離れません。私の考えていることを、しっかり聞いていただくまでは。
ハーキンズ： レッジ！　私だって警備を呼びたくはないのだよ。

(3) Dory: Roger, I don't believe it. What were you doing?

Roger: Nothing. Oh I do wish you would listen to me, Aunt Dory.

Dory: You haven't answered me.

Roger: I can't. I can't. **Not** with these two men here.

（［ドラマ］*Columbo*, Episode 8）

ドリー： ロジャー、こんなの信じられないわ。あなた何をしていたの。
ロジャー： 何もしてない。ああもう本当に、俺の話を聞いてくれよ、ドリー叔母さん。
ドリー： 私の質問に答えてないわ。
ロジャー： 答えられないよ。答えられないよ、あいつら2人がいるところじゃ。

たとえば(2)を例に取ると、notはI won't leaveという否定全体をもう一回繰り返すような役目を果たしている。日本語だと、「ない」「ません」に否定文全体を代表させることは難しい。「私はここを離れません。私の考えていることを、しっかり聞いていただくまでは、ません」……こんなふうにはまあ言わないだろう[1]。

1　(2)のように、［not＋副詞節］の形を取るものは、山崎（2022）でも［副詞＋副詞節］の一種として言及されている。

次に［副詞要素 + not］のパターン。今回の本文で登場した Obviously not. は、このパターンの例である。

(4) Harry:　　　　I've changed.

　　Janeway:　　　Yes, you have.

　　Harry:　　　　Maybe I'm not the perfect officer anymore.

　　Janeway:　　　Maybe **not**. But you're a better man.

（［ドラマ］Star Trek: Voyager, S5E16）

ハリー：　　　　僕は変わってしまった。
ジェインウェイ：　そうね。
ハリー：　　　　完璧な士官ではなくなってしまったんでしょうね。
ジェインウェイ：　確かにそうかもしれない。でも、前よりも立派な男になった。

(5) "You believe her? [...]"

　　"Of course **not**. [...] Do you?"　　　（［小説］David Gordon, <i>The Serialist</i>）

「フロスキーの言っていることを信じているのか。［…］」
「そんなわけないだろう。［…］お前は信じているのか」

［I think 系動詞 not］というパターンも高頻度である。

(6) Is that too much to ask? I think **not**!　　　（［ドラマ］<i>Full House</i>, S4E22）

それってわがままか？　俺はそんなことないと思うぞ！

(7) Am I starting to sound like a self-righteous prig? I hope **not**.

（［小説］Paul Auster, Invisible）

独善的な堅物のような語りになってきてしまったか。そうでないことを祈る。

　ただし、not が否定文をまとめ込む能力を持つといっても、not の前にも後にも何もつけずに単体で使われることはない。たとえば、"You talked to her." に対して "Not." と答えるのはとても変である。1 語で返したいなら "Not." ではなく "No." だ。だから、この手の not を使いこなせるようになり

たいと思ったら、[Not with ...] や [Maybe not]、[I hope not] などといったフレーズレベルのものを覚えることが重要である。

☞ **内実を説明する when** ──────────────── p.40 注❷

英語の接続詞の when と日本語の「時」は、実例をよく観察してみると、驚くほど異なる。今回の本文に出てきた which [=a faulty parallel] occurs when listed items fail to attach the same way to a stem という英文のポイントは、「a faulty parallel が occur するとはどういうことかと言うと、listed items が fail to attach the same way to a stem するということだ」というふうに、when の前後が言い換えになっている点だ。要するに when 内は faulty parallel の内実を説明しているのである。同じ 1 つの出来事（faulty parallel という現象）を 2 通りに表現しているのであって、異なる 2 つの出来事が同時に起こるということを言っているのではない。

日本語の「時」はこういうふうには働きにくい。たとえば「飛行機がハイジャックされた時、悲劇が起こった」と言った場合、「悲劇」はハイジャックそれ自体以外の何か（たとえば機長が恐怖のあまり気絶したとか）を指すのだろうと解釈するのが普通だ。

英語のニュース記事でよく見かける [Disaster struck when ...] という言い方がある。

(8) But on 26 April 1986, **disaster struck when** an explosion at the plant caused radiation to leak from its nuclear reactor.

（［新聞記事（WEB）］ "Photographs of Chernobyl and the ghost town of Pripyat by Michael Day"）

しかし、1986 年 4 月 26 日、悲劇は起こった。発電所で爆発が起こり、原子炉から放射線が漏れてしまったのである。

(9) That day, former airline pilot Mr Hill was piloting a vintage Hawker Hunter T7 at the Shoreham Airshow. **Disaster struck when** the aircraft

failed to complete a loop and crashed on to vehicles on the A27.

（［新聞記事（WEB）］Dan Warburton, "Shoreham Air disaster pilot pictured driving sports car as families face TWO year wait for answers"）

その日、元航空パイロットのヒル氏は、ショアハム航空ショーでビンテージ飛行機のホーカー・ハンター T7 を操縦していた。すると悲劇が起こった。旋回に失敗し、A27 道路に並んでいた車に突っ込んだのである。

(10) **Disaster struck** in the early hours of April 25 **when** the dam wall of a waste reservoir collapsed at a mining plant northwest of Seville.

（1999年度　東京大学入学試験問題　第5問）

4 月 25 日の早朝、悲劇は起こった。セビリアの北西に位置する採掘施設で、廃棄物貯蔵ダムの壁が決壊したのである。

「disaster が strike した」という部分と、when 節内の出来事が起こったという部分は、同じ出来事が 2 通りに表現されているという関係にある（when 節内が主節主語の disaster の内実を説明している）のであって、異なる 2 つの出来事が同時に発生したことを報告しているのではない。

　1 つの出来事を 2 通りに描く when のうち、ここで扱っていないパターンについても勉強したい読者は平沢（2019a）、山崎（2022: §1）、平沢・野中（2023）に進んでほしい（最後の文献は無料でダウンロード可能）。

☞ just の多義性？ ———————————— p.44 注❹

　just は、多くの学習者にとって、厄介な多義語に見えていると思う。ここで参考にするべきなのが Kishner and Gibbs (1996) だ。彼らの実験結果によると、英語母語話者が just の多義性にもかかわらずコミュニケーションに（あまり）困ることがないのは、母語話者が使っているのは just 単体の知識ではなく、just を含んだもっと大きな言い回し、フレーズの知識だからである。英語を外国語として勉強している我々も、just を含んだ大きなかたまりの知識を身につけると良さそうだ。

　まず［相手に行為を勧める表現 + just］。より具体的には、本文で出てき

た［命令文＋just］に加え、［Why don't you just ...?］などが含まれる。こうしたパターンにおける just は、相手に勧めている行為を単純・シンプルな行為として描き出す働きをする。

(11) Howard: Give me the phone.

　　 Raj: Why?

　　 Howard: **Just give** it to me.　（［ドラマ］*The Big Bang Theory*, S1E8）

　　 ハワード：　電話、こっちに渡しな。
　　 ラージ：　　なんで？
　　 ハワード：　いいから渡せって。

(12) **［状況説明］** Isabelle の父親は酒飲み。

He [=Isabelle's father] poured himself another snifter of brandy.

"**Why don't you just** use a soup bowl?" she said.

　　　　　　　　　　　　（［小説］Kristin Hannah, *The Nightingale*）

父親はまたブランデーグラスに 1 杯注いだ。
「いっそスープ用のお椀で飲んだら」とイザベルは言った。

ほかに［You can't just ...］で「…して、ハイ、オシマイ、なんてわけにはいかない」というのもある。場所や責任などから逃げようとしている人に対して、**You can't just** leave. や **You can't just** quit. などと言えば、楽な道を選ぶのをやめさせようとする発話として機能する。

　［Just ＋ wh-］で疑問や驚きを強調するパターンもある。**Just how** did you do that? と言えば「今の一体どうやったの」の意。**Just what** do you think you're doing?（そんなことをして、一体どういうつもりだ）はもはや決まり文句（このフレーズの do you think は just と同様に疑問や驚きを強調する役目を果たしている）。

　［just ＋過去形］「…したばかり」は超高頻度と言ってよい。何回見ても飽きない以下のリンク先の動画で覚えることを強く、強くお勧めする。

(13) **[状況説明]** 飼い猫への発話。

You want to eat? No, it's not time. You **just** ate.

(https://twitter.com/meowedofficial/status/1246452535466090497)

食べ物ほしいの？　だめよ、ごはんの時間じゃないんだから。さっき食べたでしょ。

　[just so X] や [just the 形容詞最上級＋名詞] などのフレーズの just は、[so X] や [the 形容詞最上級＋名詞 ever] といった強い言い方について、「これ、誇張ではないですよ」というメッセージを伝達する。

(14) a.　"I'm **just so** in love with you!" I blurted.

（[小説] Lindsay Faith Rech, *Joyride*）

　　「好きで好きで仕方ないの！」とつい言ってしまった。

　　b.　Oh I'm **just so** happy to see you!　　　　　（英語母語話者提供）

　　　いやあ、会えて本当に嬉しいよ！

(15) a. **[状況説明]** 高校生男子が大学進学のため離れ離れになってしまう好きな女の子 Stella に言うセリフ。

　　"You're **just the most** genuine person I've **ever** known and I can't..."

（[小説] Lindsay Faith Rech, *Joyride*）

　　「ステラほど誠実な人は見たことがないんだ。そんなステラと離れるなんて……」

　　b.　I got a new book and it's **just the most** exciting thing **ever**!

（英語母語話者提供）

　　　新しく本を買ったんだけど、こんな面白い本マジ読んだことない！

　just が厄介に感じられるのは、just 単体にばかり注目するという不自然な姿勢ゆえのことだ。言ってみれば、揚げ物の衣の部分だけを食べて、それが

豚肉が染みた衣かエビが染みた衣かを当てようとして難しい難しいと騒ぎ立てるようなものである。そんなことはもうやめて、普通に（You can just ...）とんかつ丸ごと、エビフライ丸ごとを食べて、「これはとんかつです」「こちらはエビフライ」と言えばいいのだ。

本文解説 ｜ 内容をじっくり考えるヒント

　本文の筆者は、The manager wanted to hire Yale alumni **whom** he knew would fit in well at the company の whom について、mistake というレッテルを貼っている。しかし、mistake といっても、以下のように時々見聞きする用法である。

(1)　Say I was divorced, or living alone, or had no children. This disease—what I'm going through—would be so much harder. I'm not sure I could do it. Sure, people would come visit, friends, associates, but it's not the same as having someone who will not leave. It's not the same as having <u>someone **whom** you know has an eye on you</u>, is watching you the whole time.

　　　　　（［ノンフィクション］Mitch Albom, *Tuesdays with Morrie*）

かりに私が離婚しているか独り身か、あるいは子どもがいなかったとする。そのときは、今経験しているこの病気ははるかにきびしいものになるだろうな。耐えられるかどうか怪しいよ。たしかに、友だちとか知り合いとか、いろんな人が見舞いに来てはくれるだろうけれど、ここを離れない人がいるのと同じではない。<u>誰かこっちに気を配って、終始見守ってくれる人</u>がいるのと同じにはならない。　　　　　（別宮貞徳（訳）『モリー先生との火曜日』）

　Huddleston and Pullum (2002: 466)も、those **whom** he thought were guilty（こいつらやってるなと彼が思った連中）を一部の人にとって自然に感じられる形式として認めている。

　whom をこのように用いる話者は、whom に2つの役割を見出していることになる。2つの役割とは、know や think などの動詞の目的語としての役割と、その直後に来る would fit や has、were といった動詞の主語としての役割である。前者の役割を見出していないなら whom なんて目的語感ダダ漏れの形を使おうとは思わないはずだし、後者の役割を

見出していなかったら自分がどんな意味の英文を発しているかを理解せずに喋っていることになってしまう（たとえば those whom he thought were guilty と言っているときに、そこに those who were guilty 的な意味が隠れていることを認識していないことになってしまう）。

このように 1 つの表現に複数の役割を見出すというのは、人間の心の極めて自然な働きである。たとえば萩澤・氏家（2022: 6-7）の鋭い分析を見てみよう。

(2)　a. コロナ禍のなか異例の選挙戦　　　　　（萩澤・氏家 2022: 7）
　　　b. コロナ禍での五輪開催　　　　　　　　（萩澤・氏家 2022: 7）

いずれも新聞（デジタル版）の実例である。(2a) の「禍」は「災禍」「水禍」などに現れるもので、「災害」を意味するものだと考えればよい。「コロナ禍」を「災害」に置き換えてみると、「災害のなか異例の選挙戦」というわけで、意味がちゃんと通る。では、(2b) はどうだろうか。(2b) の「コロナ禍」を「災害」に置き換えてみよう。「災害での五輪開催」……？なんだか変だ。「災害のなかでの」や「災害のもとでの」などと言わないと、ちょっとちぐはぐな感じ。しかし、このちぐはぐ感が、元の (2b) にはない。一体どうしてだろうか。それはおそらく、萩澤・氏家が指摘するように、「コロナ禍での」を読む我々（および当該の記事の書き手）の脳内では、表記は異なるが音は同じである「コロナ下での」も活性化されており、それにより「災害のもとでの」のような解釈も補われるからだろう。「コロナか」の「か」は「禍」と「下」の二重の役割を担いうるのだ。こうした、自然な心の働きによってどうもしっくり来てしまう表現を、mistake として排除し「修正」するのは、あまりにもったいない気がする。心の仕組みを考える方がはるかに面白い。

また、筆者 Casagrande の分析によれば、Brian plans to study biology, math, French, economics <u>and</u> is considering joining the soccer team は、Brian plans to study is considering joining the soccer team と言っていることになるというが、これは、元の文の書き手にとって不利になる解釈のみを提示した、アンフェアな分析だと思う。というのも、問題の and は plans to study biology, math, French, economics と is considering joining the soccer team をつないでいると分析することだって可能だからだ。これでも、biology, math, French, economics の中に and がないとか、plans to ... と is considering ... は単純現在形と

現在進行形の並列だから美しくないとか、そういったイチャモンはつけられるかもしれないが、Brian plans to study is considering joining the soccer team ほどおかしなことは言っていないことになる。

danglers も実例が普通にあり、違和感を覚えることなくスルーされている場合も多い。本文の昇進の例は「ん？」と立ち止まらせるような明確な違和感があるじゃないかと思うかもしれないが、ここまでズレた例は実際にはそう多くない。

第1章の「本文解説」でも述べたことだが、人間の〈ことば〉についてもう少し落ち着いて議論することはできないものだろうか。

補足コラム

名文家でも犯す残り2つの文法間違い

本書には所収しなかった2と5について、かいつまんで紹介しておこう。

2．目的語としての "Joe and I"
本文の例を引いて結論から言えば、次のような「間違い」である。

正　：Thanks for taking the time to visit Stephanie and **me**.
不適：Thanks for taking the time to visit Stephanie and **I**.

「不適」の例文の最後にある通り、目的語の位置に（目的格の me でなく）主格の I が出てくるのが「間違い」というわけである。さすがに to visit I と間違えることはまずないので、and で並列されているのがつまずきの石と言える。

さて、英語学習者としてむしろ興味を惹かれるのは、後者は明らかな間違いとも感じられるのに、「イディオム的に、ここで I を使うのは容認される」と指摘される点だ。そこには前提として、Casagrande によれば、me より I の方が「ちゃんとした用法」とされがちだという話がある。著者の例を引けば、Joe and me are having lunch. は Joe and I are having lunch. よりも「劣っている」。この「I の方が me より正式」論に引きずられ、目的語にもつい（me でなく）I が出てしまって「間違える」、というのがここでの指摘である。本文解説にあったような、「間違い」を生み出す心の動きが窺える「間違い」だろう（まあ、Casagrande はこちらでも「文法的に正しくあろうとして失敗する」と述べているが）。

5．引用符とピリオド・コンマ

　アメリカ英語では、ピリオド・コンマは常に引用符の中にあるのが「正しい」という指摘。本文を見てもらえば一目瞭然である。

　ただし、イギリス英語や Wikipedia では、ピリオド・コンマは引用符の外であるとも指摘される[1]。たとえば英語版 Wikipedia の "Japan" の項から引用しておこう。ポイントは origin や Sun の後の引用符とコンマ・ピリオドの位置関係である。

> The characters 日本 mean "sun origin", which is the source of the popular Western epithet "Land of the Rising Sun".
>
> (https://en.wikipedia.org/wiki/Japan)

> 「日本」という漢字は「太陽の起源」という意味で、西洋で一般的な「朝日が昇る地」という異名の由来である。

1　もっとも、イギリス英語（イギリスで出版された本）でもピリオド・コンマが引用符の内側に来る場合はしばしば見られる。3 章「本文解説」の Oscar Wilde や 5 章「文法解説」の Kazuo Ishiguro からの引用を参照。

3

Jay Rubin,
"The Myth of the Subjectless Sentence"
(2012)

*

ジェイ・ルービン
「主語がないという神話」

　英語の文には必ず主語が必要だ、と教わった日本人は少なくないだろう。逆に、日本語を学ぶ英語ネイティヴの場合、「日本語には主語がない」と習うらしい。これを「神話」だと喝破する文章である。

　著者の Jay Rubin は、村上春樹、芥川龍之介、夏目漱石などの英訳者としても知られる、ハーヴァード大学の名誉教授。*The Penguin Book of Japanese Short Stories* の編者でもある（その「逆輸入版」として、『ペンギン・ブックスが選んだ日本の名短篇 29』（新潮社）がある）。今回所収したのは、英語圏の日本語学習者向けに書かれた、日本語にまつわるエッセイ集に掲載されている文章の一部。

　なお、本文中には 3 つの「引用」が含まれているが、ここではまとめて本文の後（pp.68-69）に掲載した。読む際にはページが前後してしまうが、一覧で比較できるので、じっくり確認してみてほしい。別冊では出典通りのレイアウトになっているので、ぜひそちらも見てほしい。

　また、この本の発行年はインターネットを検索すると 2013 と表示される場合があるが、原著の著作権ページには 2013 ではなく 2012 と記されているので、本書でも 2012 の方を採用した（p.14 の著作権情報も同様）。

❶The greatest single obstacle to ❷a precise understanding of the Japanese language is the ❸mistaken notion that many Japanese sentences don't have subjects.

Wait a minute, let me ❹take that back. Lots of Japanese sentences don't have subjects. ❺At least not subjects that are mentioned ❻overtly within the sentence. The problem starts when students ❼take that to mean that Japanese sentences don't ❽refer in any way to people or things that perform ❾the action or the state denoted by their predicates. ❿The same goes for objects. They disappear just as easily ⓫as subjects do.

---

❶ The greatest single obstacle to ... :[an obstacle to X]「Xを阻害するもの」。

❷ a precise understanding of the Japanese language: [a 形容詞 understanding of X]「Xに対する…な理解」。

❸ [mistaken notion]:「誤解」。that 節を取れるのが便利。

❹ take that back: [take 発言 back]「〈発言〉を撤回する」。自分または相手の直前の発言全体を受ける代名詞として一番普通なのは that。例１："**That** was a joke," he said. "You can laugh." ([小説] R. J. Palacio, *Wonder*)「今の、ジョークだったんだけど」と彼は言った。「笑ってくれていいんだよ」。例２：I can't believe you just said **that**. ([ドラマ] *Full House*, S6E12)「なんてひどいこと言うの」(just の用法→２章「文法解説」pp.52–55)。

❺ At least not subjects that are ... :「少なくとも subjects that are ... に関しては not (=Lots of Japanese sentences don't have) だ」。[not ＋名詞かたまり] という省エネパターン。例：Most people, they see another person walking down the street with that big heavy bag they're carrying, and they just walk on by. But **not me**. I look at them, and I say, I say, "Howdy, stranger. Can I give you a hand with that?" ([ドラマ] *How I Met Your Mother*, S5E23)「たいていの人は、大きな重い袋を持って道を歩いてる人を見かけても、何もしないで通り過ぎる。でも俺は違う。俺はその人の方を向いて、言うんだ。こう言うんだ。「おっす、そこの知らん人。運ぶの手伝おうか？」ってな」。今回は [not ＋ 名詞かたまり] で否定文的な意味が表さ

日本語についての正確な理解をさまたげる何よりも最大の障害は、多くの日本語の文には主語がないという誤った認識である。

ちょっと待った。撤回しよう。たしかに多くの日本語の文には主語がない。少なくとも、文中で明確に言及される主語はない。問題は、学生がこれを次のように受け取ってしまうことで生じる。つまり、日本語の文は、述語で示される行動・状態の担い手である人間・事物を、いかなる形でも指し示していないと考えてしまうのだ。同じことが目的語にも言える。主語が簡単に消えるように、目的語も容易に消える。

れるが、not 1 語が否定文に対応するパターンもある。→ 2 章「文法解説」

❻ overtly:「明示的に」。

❼ take that to mean ... : [take X to mean ...] は「…という意味のものとして X を受け取る」の意のよくある言い回し。この take は「解釈する」という意味での「受け取る」で、Hey, that was a joke. Don't **take** it seriously.「おいおい、冗談だって。真に受けんなよ」の take と同じ。

❽ refer in any way to ... : [refer to X]「X に関する話である、X のことを言っている」に in any way が挿入されたかたち。in any way は、これより後ろに持っていくと X の長さゆえに読みにくくなってしまうので、この位置がベスト。

❾ the action or the state denoted by their predicates:「(当該の sentences の) predicates が denote している action や state」。predicate は「(主語に対して) 述語」、denote は「(表現が) …を指す」。

❿ The same goes for objects: [The same goes for X]「同じことが X にも当てはまる、言える」は高頻度表現。この go は「正しいこととして通る」の意。anything goes「なんでもあり」、what I say goes「俺様の言うことは絶対だ」はもはや決まり文句。for は [hold true for X] の for と同じ。例:What I told you about him also holds true **for** me.「彼について話したことは私にも当てはまる」(『ランダムハウス』s.v. *true*)。

⓫ as subjects do: as subjects <u>disappear</u> ということ。イントネーションは as SUBjects do。

61

What Japanese doesn't have is pronouns—real, actual pronouns like "he," "she," and "it" that we use in English to substitute for nouns when those nouns are too ❶well known to ❷bear repeating. And that's all that we use pronouns for: because we don't want to
5 hear the same things ❸over and over, ❹whether subjects or objects ❺or whatever. Can you imagine ❻what English would be like without pronouns? Look:

引用 1 (→p.68)

10

❼No one could stand that for long. Now let's try it with pronouns, as in the original:

引用 2 (→p.68)

15

---

❶ well known: ここでの意味は「有名な」ではない。話し手と聞き手の間で「百も承知」という感じの了解が成り立っているということ。

❷ bear repeating: [not + bear repeating]「繰り返すに耐えない」。例：The joke **doesn't bear repeating** (= because it is not funny or may offend people). (*OALD*, s.v. *bear*；太字原文)「このジョークは繰り返すに耐えない(= 面白くないから、または、気分を害する人がいるかもしれないから)」。今回の bear repeating も、not という語自体は使われていないものの、too ... to V「…すぎて V <u>ない</u>」の V なので、このパターンと考えて OK。

❸ [over and over]:「何度も何度も繰り返し」。over の円弧の用法(→ pp.146–147 注❽) と関連か。根拠 1：over and over は (トイレットペーパーを引き出すときのように) 両手をぐるぐるさせながら発話することがある。根拠 2：円弧は 360 度まで行くと元いた位置に戻ってきて繰り返しに入る。

❹ whether subjects or objects: whether <u>they are</u> subjects or objects ということ。「俺たちは代名詞を使うんだぜ」と言っているセンテンスの中に、こうして代名詞すら使われていない部分が含まれているのは味わい深い。

　日本語にないもの、それは代名詞だ。英語の he や she や it といった、正真正銘、本物の代名詞がないのだ。ある名詞についてお互いがもう十分承知していて、繰り返すに耐えない場合、英語では、その名詞の代わりにこれらの代名詞を用いる。そして、わたしたちが代名詞を使うのはそのためだけに過ぎない。主語であれ目的語であれ何であれ、何度も何度も同じことなんて聞きたくないのだ。もし代名詞がなかったら英語はどんな風になるか、想像できるだろうか？　見てみよう。

引用 1

　これがずっと続くなんて、誰も我慢できないだろう。元の文章どおり、代名詞ありにしてみよう。

引用 2

---

❺ or whatever:「（主語と目的語に限らず）まあなんでもいいんだけど」。［列挙 + or whatever］は、リストアップした項目の 1 つ 1 つが重要なわけではなく、「その手のやつ」くらいのことが言いたいときに使われる口語表現。例：It's the same in any situation: in a prison, hospital **or whatever**.(*OALD*, s.v. *whatever*)「場に関係なく、同じ話だよ。監獄、病院、どこだって」。

❻ what English would be like without pronouns:「代名詞がなかったら英語はどんなふうになるか」。without ... にタラ・レバが隠れている感じ。<u>where English <u>would be</u> without pronouns</u> とも。

❼ No one could stand that: ［cannot stand X］「X には耐えられない、我慢ならない」。

❶What a relief! But Japanese is ❷even less ❸tolerant of ❹repeated nouns than English. Let's see the passage looking more like Japanese, without ❺all those repetitious pronouns:

5   引用3　(→p.68)

Of course this sounds "funny" because of what we're used to in normal English, but the meaning is perfectly clear. Once it is ❻established that Brisseau is our subject, we don't have to keep
10 reminding the reader. ❼This is how Japanese works. (And, in certain very ❽explicit situations, so does English: "❾Do not bend, fold, or spindle," "❿Pull in case of emergency," etc.)

There is only one true pronoun in Japanese, and that is nothing at all. I like to call this the zero pronoun. The normal, ⓫unstressed

---

❶ [What a relief!]:「ああ、ほっとした！」の意の決まった言い回し。

❷ even less tolerant: [even ＋ 比較級] の even は「さらに」。英語話者が tolerant であるレベルも十分低いのに、日本語話者はそれよりも<u>さらに</u>低い、ということ。

❸ [be tolerant of X]:「X をまあいいかと許す、大目に見る」。

❹ repeated nouns: 繰り返された名詞に我慢ならないのだと考えることもできるが、名詞が繰り返されることに我慢ならないのだと考えることもできる。
　→「文法解説」

❺ all those repetitious pronouns: この all は「すべて、全員」ではなく、数量や程度の甚だしさを強調する用法。[all {this, that, these, those, one's}] の形を取ることが多い。例：You didn't have to go to **all** that trouble. I could've done it. ([ドラマ] *Bewitched*, S2E2)「わざわざこんなことしてくれなくてよかったのに。自分でやれたわよ」。「<u>すべての</u> repetitious pronouns を取り除いて」と言いたいなら without <u>any of</u> those repetitious pronouns。

　ふう、一安心！　だが、日本語は英語よりさらに名詞の反復に手厳しい。繰り返される代名詞をのきなみ除去した、もっと日本語のように見える文章だと、次のようになる。

引用3

　当然ながら、この文章は「おかしく」聞こえる。わたしたちは通常の英語に慣れているためだ。とはいえ、意味に一点の曇りもない。ひとたびブリソーが主語だときちんと了解されれば、読者に絶えず思い出させる必要はない。日本語とはこういう仕組みなのだ。（混乱が生じないような状況であれば、英語も同じようになる——「Do not bend, fold, or spindle.」「Pull in case of emergency.」など。）

　日本語には、正真正銘の代名詞はひとつしかない。それは、まったくの無なのだ。わたしはゼロ代名詞という呼び方が気に入っている。「I went」を、

❻ establish:「〈組織〉を設立する」にも「〈関係〉を築く」にもなるこの動詞は、that 節を取ると、「…だということに関して揺るがない了解が取れた状態にする」の意になる。

❼ This is how Japanese works:「日本語はこんな仕組みになっているのだ」「これが日本語なのだ」。→「文法解説」

❽ explicit situations:「明示的に語ってくれるような状況、露骨な状況」。ここでは、ある文において何が省略されているのかを状況の側が語ってくれるということだろう。

❾ Do not bend, fold, or spindle：「曲げたり、折ったり、書類刺しに刺したりしないでください」。たとえば Do not bend, fold, or spindle <u>these papers</u> ということ。

❿ Pull in case of emergency:「緊急の場合は引いてください」。たとえば Pull <u>this cord</u> in case of emergency ということ。

⓫ unstressed:「特に強調を効かせていない」。

way of saying "I went" in Japanese is not *Watashi wa ikimashita* but simply *Ikimashita*. (❶In fact, strictly speaking, *Watashi wa ikimashita* would be an inaccurate translation for "I went." It would be okay ❷for "❸I don't know about those other guys, but I, at least, went."

5 [...])

---

❶ [in fact]: この表現には色々な用法があるが、ここでは前の言い方をより正確な言い方に訂正する用法（また別の用法については pp.98–99 へ）。前文の The normal, unstressed way of saying "I went" in Japanese is not *Watashi wa ikimashita* という言い方は、*Watashi wa ikimashita* が何らかの way of saying "I went" である可能性を残した言い方になってしまっているが、厳密には（strictly speaking）そうではなく、way of saying "I went" として不適切なのだ、と言っているわけである。

❷ for: 直前の translation for ... の for もそうだが、「…を表すものとして（の）」の意。例：Although I have never seen kissing among the Pirahãs, there is a word **for** it, so they must do it. (Daniel L. Everett, *Don't Sleep, There Are Snakes*)「ピダハン族がキスをしているところを見たことはないが、キスを表す言葉はあるので、しないわけではないはずだ」。

❸ I don't know about those other guys, but I ... : [I don't know about X,

ふつうに、強調せずに日本語で言う場合、「私は行きました」ではなく、単に「行きました」となるのである。(もっと厳密に言えば、「私は行きました」は「I went」の訳として不正確だ。「I don't know about those other guys, but I, at least, went(あのひとたちがどうかは知りませんが、少なくとも私は行きます)」の訳であれば構わないだろう。[…])

but I …]「X はどうだかわからないが、私の場合は…」。頻繁に用いられる会話表現で、特に X に you が入ることが多い。例：**I don't know about you, but I** can't stick her.「君はどうか知らないが、僕は彼女に耐えられない」(『オーレックス』s.v. *stick*)。なお、本章の注では「耐えられない」系の表現がやけに多く出てきたが、特に理由はない(はず)。

引用 1

Cloquet and Brisseau had met years before, under dramatic circumstances. Brisseau had gotten drunk at the Deux Magots
5 one night and staggered toward the river. Thinking Brisseau was already home in Brisseau's apartment, Brisseau removed Brisseau's clothes, but instead of getting into bed Brisseau got into the Seine. When Brisseau tried to pull the blankets over Brisseau's self and
*got a handful of water, Brisseau began screaming.
10

引用 2

Cloquet and Brisseau had met years before, under dramatic circumstances. Brisseau had gotten drunk at the Deux Magots one night and staggered toward the river. Thinking he was already home
15 in his apartment, he removed his clothes, but instead of getting into bed he got into the Seine. When he tried to pull the blankets over himself and got a handful of water, he began screaming.

引用 3

20 Cloquet and Brisseau had met years before, under dramatic circumstances. Brisseau had gotten drunk at the Deux Magots one night and staggered toward the river. Thinking already home in apartment, removed clothes, but instead of getting into bed got into the Seine. When tried to pull the blankets over self and got a
25 handful of water, began screaming.

【引用】（引用 2 に基づいて訳す）

クロウケイとブリソーは、何年か前、劇的な状況で出会った。ある夜、ドゥ・マゴで酔っ払ったブリソーは、ふらふら川のほうへ歩いていた。すでにアパートに帰宅していると思った彼は、服を脱ぎ、ベッドに入ったつもりがセーヌ川へ入っていた。毛布をかけたつもりが手にいっぱいの水をすくったとき、ようやくブリソーは悲鳴をあげた。

＊ got a handful of water:「手にいっぱいの水をすくってしまい」。このように、意図とは関係なく自分の領域にものが入ってくることを言うのには get が好まれる。例 1：（タクシー内での客から運転手への発話）You must **get** a lot of strange customers in here.（[映画] *Paddington*）「きっと変な客がたくさん乗ってくるんでしょう？」。例 2：（Are you Italian? に対して）No, but I **get** that a lot.（[ドラマ] *Fuller House*, S5E2）「違いますけど、よく言われます」（この that については p.60 注❹を参照）。[I get that a lot] は完全に定着した言い方。

翻訳の視点から

　扉に記した通り、ここに掲載したのは英語圏の日本語学習者向けに書かれた文章だが、英語を日本語に訳す際にも有意義な内容が大いに含まれている。つまり、代名詞——本文のことばを使えば、it や he や she などの「本物の代名詞」——の処理についてだ。

　翻訳テクニックとして、「彼／彼女を多用すると翻訳調になりがちなので、なるべく省く」という通説がある [1]。そうは言うものの英語に書かれているからどうしようかな……と迷うこともあると思われるが（私 ［今井］ はある）、本文の主張を受ければ、「わかりきった彼／彼女は記載しない＝ゼロ代名詞で示すのが日本語だ」ということになり、やはり「省く」ので「正解」だと、一種の自信が持てるだろう。

　個人的な翻訳経験に即して考えても、代名詞は省くのが正攻法だと思う。とかく英文和訳は長くなりがち、くどくなりがちなので、いささか大袈裟に言えば、「1 文字も無駄がないように削る」という気持ちで推敲している。というか、きちんと練られた文章の場合、原文も無駄がないように書かれているわけだから（あえて冗長な文章の場合も「あえて」がポイントであって、無意味に冗長ではないはずだ）、「1 文字も無駄がない」というのは大袈裟でも何でもなく、むしろ原文に忠実な態度であるとさえ思っている。

　内容が込み入っている学術的文章の場合、少しでも理路が明確になるよう、主語や目的語をきちんと明示する、つまりある意味ではあえて代名詞を残す場合も多いが、むしろさらに進めて、代名詞（指示語）が何を指しているか、具体的に明記して訳す場合が多い。訳文で「これ」「それ」などが多用され

1　なお、日本語の三人称に古くからあったのは「かれ」だけで、この語で両性を指していた。「彼女」は西欧語との接触によって男女の区別の必要のため生まれたことばらしい。その点を踏まえれば「彼女」は翻訳語にほかならないのだから、「彼女を多用するのは翻訳調」というのはトートロジーでもある。

ていると、結局あいまいさが残るばかりで、理路は明快にならないからだ[2]。契約書や法律書、あるいはマニュアルなど、絶対に誤解が生じてはならない文章も同様だろう。受験問題などでは「この代名詞は何を指していますか？」という問いをしばしば見かけるが、非常に実践的で「役に立つ」問題なのである。

　とはいえ、普通の原文に対して、あえて代名詞を残した翻訳も存在する。有名な例としては、映画監督としても著名な伊丹十三による次のような訳業がある。

　　「お前は誰であるのか？」
　　「そんなこと僕知らないよ、父さん。あなたがいってよ」
　　「私にはそれはできないよ。お前学校へ戻るの、どういう気分だね？」
　　「父さん。あなた僕が学校嫌いなの知ってるくせに」
　　「お前は自分が学校を全然嫌ってないことを知ってるはずだよ」
　　「僕嫌ってるたら、父さん。僕学校嫌いなんだ。そして、あなたは僕が
　　学校嫌ってないと僕に思わせることはできないよ。僕は初めっから終い
　　まで学校嫌いだよ。僕、学校という思いつきそのものが嫌いだよ。僕、
　　学校の建物が嫌いで、学校の先生が嫌いで、僕が習うことになってる勉
　　強が嫌いだよ」（サローヤン 1979: 194）[3]

　伊丹は、「西欧人における自我の確立と、省略されぬ人称代名詞とが、どこかで深く結びついていることだけは確か」という持論ゆえに、「「達意の日本語」を捨てて」、「原文の人称代名詞を可能な限り省略しない」という方針

2　これに関連して、特に文学作品の場合、「彼」・「彼女」という日本語をあまり
　　頻繁に使うと翻訳調になりがちなので、この手の代名詞は具体的な人名などに
　　適宜置き換えるのが「正攻法」だろう。

3　なお、この部分に「違和感」をもつという指摘は、高橋（2002）にもある。
　　私は沼野充義氏に授業で教えられた。

をとったらしい（伊丹 1979: 219-220）。反復される代名詞に加え（「私には
それはできないよ」の「それ」！）、you を訳した結果、子供が父親を「あ
なた」と呼ぶなど、違和感たっぷりの訳文に思われるものの、それでも読ま
せる独特な日本語は、伊丹十三の文章力の賜物と言うべきだろう。なかなか
真似できるものではない。

　とはいえ、学ぶべきところもある。息子と父親の「声」が決してぶれず、「不
自然」ながら生き生きと聞こえてくる点だ。たとえば 2 行目の「そんなこと
僕知らないよ、父さん」を、「僕はそんなことは知りません、お父さん」と、
助詞を加え、少し丁寧な口調にした途端、一気に教科書的な英文和訳になる
だろう。引用最後の息子の台詞における助詞の消し方は、見事というほかな
い。もちろんケースバイケースだが、こと台詞に関しては、リズムがよけれ
ば多少の「不自然さ」は許容されるとも一般化できそうだ。

文法解説〜英語をさらに深く理解する

☞ 試合で足首が発生 !? ─────────── p.64 注❹

　私（平沢）は高校生の頃に increasing population という表現は「増加する
人口、増加していく人口」ではなく「人口が増加すること、人口の増加」の
ように訳しなさいと習った（同様のことが growing poverty にも言えるとい
うことも教えてもらった）。当時の私は、英語自体の意味は「増加する人口、
増加していく人口」のような感じなのだけれども日本語ではこうは言わない
から「人口が増加すること、人口の増加」と訳すべきだ、ということなのか
と思っていた。

　これが誤解であることを知ったのは大学生のときだ。あるパーティーの受
付の仕事をすることになったのだが、ペアになったのが幸運なことに──向
こうにとってはひょっとしたら不幸なことに──アメリカ人だった。時々料
理のおすそわけが運ばれてくるものの、暇で暇で仕方がないので、私はその

アメリカ人にしこたま英語の質問をして楽しく過ごすことにした（やはり向こうにとっては不幸か……）。その質問の 1 つが、increasing population は population の一種だと思うか、だった。

　アメリカ人の返答は、いや、increase の一種だ、というものだった（ちなみに名詞の increase なので発音は /ínkri:s/）。そう言い切った後に、a young man は男の一種であって若さの一種ではないのに、increasing population が人口の一種ではなく増加の一種だなんておかしいと、自ら悩み始めた。それでもやはり、増加の一種にしか感じられない、結論は変わらない、とのことだった。

　高校生の頃の私は誤解していたわけだ。increasing population という表現それ自体が「人口が増加すること、人口の増加」のような意味だから、日本語に訳したときも「人口が増加すること、人口の増加」のようにするべきだ、という話だったのだ。ということは、increasing population という形を取りながら増加の一種を意味する、というなかなかおかしな現象が英語において起こっていることになる。

　このようにおかしな現象が（increasing population に限らず）起こっていることを端的に示す証拠（実例）が福地（1995: 71-72）に挙げられているので、見てみよう。

(1) Corrado Barazzutti grimaces with pain as attendants care for **his twisted right ankle** which <u>occurred</u> in the second set ...

コラド・バラズッチは痛みで顔をしかめ、付添い人が第 2 セットで生じた右足の捻挫の手当をしている　　　　　　　　　　　　　　　　　（福地 1995: 71-72）

問題は twisted right ankle が右足首の一種なのか、捻挫の一種なのかということだ。もしも右足首の一種なのだとしたら、which occurred と続くはずがない。足首は「発生」できるものではない。「試合で足首が 3 回発生しました」の強烈な違和感を考えてみればよい。occurred の主語としての twisted right ankle は右足首の捻挫を指すのだ[4]。

私も自分が出会った実例をいくつか紹介したい。

(2) **[状況説明]** 修理中のロボットについての発話。

The constant power depletion is like **a bleeding artery**.

（［ドラマ］*Star Trek: Voyager*, S2E13)

エネルギーがどんどん抜けていって、まるで動脈から出血してるみたいよ。

(3) In the last year, I've gone through a divorce, an identity theft, **a husband who would not ... communicate**.　　（［ドラマ］*The Office*, S311)

この1年の間に私には色々なことがあった。離婚の手続き。なりすまし被害。それに夫が……心を閉ざした。

(2)は、The constant power depletion is like ...「この止まらないエネルギー漏出はまるで…」というふうに、the constant power depletionという出来事を何かにたとえようとしているということがポイントである。出来事をたとえるのだから、引き合いに出されるのも出来事のはず。つまり、a bleeding arteryは「出血する動脈」ではなく「動脈から出血すること」の意味なのだろうと考えられる。(3)ではa divorce「離婚」、an identity theft「なりすまし事件」と出来事が並べられ、そこにa husband who would not ... communicateが加わるわけであるから、a husband who would not ... communicateも出来事を意味しているはず。となると、これが指すのは「心を閉ざした夫」ではなく「夫が心を閉ざしたこと」なのだろう。

4　厳密には、twisted right ankle が指しているのは care for his twisted right ankle までは右足首であり、twisted right ankle which occurred ... では捻挫である。twisted right ankle という1つの表現が意味の中に含んでいる右足首という物体側面と捻挫という出来事側面のうち、どちらが前面に押し出されるかが1文の中で変わっているのである。このように意味が多面的であること、そして、そのうちの特定の面が場面や状況、前後に存在する語に応じて前面に押し出されることについては、pp.209-217 でも論じているので、あわせて参照されたい。

(4) **[状況説明]** 魔法学校で空を飛ぶ訓練中に負傷した生徒に教師が言う。

Oh, dear. It's **a broken wrist**. Poor boy. Come on now. Up you get.

（［映画］*Harry Potter and the Philosopher's Stone*）

あら。手首を骨折しているじゃないの。かわいそうに。さあ、立ち上がって。

「骨折した手首じゃないの」では手首だけゴロンと転がっているようなグロテスクな画が浮かんでしまう[5]。

しかし不思議だ。a young man タイプと increasing population タイプの違いが大きく、なぜ英語にはこんな 2 タイプがあるのだろうと思えてくる[6]。ここでヒントを与えてくれるのが本文である。今回の文脈では、repeated nouns を「繰り返された名詞」と考えても「名詞が繰り返されること」と考えても意味的に問題が生じない。言わば a young man タイプと increasing population タイプの架け橋になり得る事例なのだ。〈a young man タイプ〉→〈架け橋タイプ〉→〈increasing population タイプ〉という拡張の歴史が明らかになったら面白い。が、調べてみないことにはわからない。

☞ how X works ─────────────────── p.65 注❼

　［how X works］は「X の仕組み、メカニズム」と訳すとしっくり来ることが多い。たとえば心理学者 Steven Pinker の *How the Mind Works* という本の邦題は『心の仕組み』（椋田直子訳）。how this machine works「この機械の仕組み」も良い例だ。この訳し方がうまくはまるのは、X の全体像をパーツに分解して考え、そのパーツ間の相互作用の観点から、X が動くからくり・理屈を説明しようとしている場合である。

5　以上の内容を楽しめた人は安西（2000: 3 章）にも大いに興味を引かれるはず。

6　日本語でも increasing population 型が自然な場合がある。たとえば (3) の訳として「それに……心を閉ざした夫」もそう悪くないという人もいるだろう。ニュースで出会った例：「未だ捕まらない犯人に現場では不安が広がっています」。これは「犯人が未だ捕まらないことに…」の意。

　しかし、[how X works] は「パーツに分解→理屈の説明」という関心の持ち方をせずに用いられる場合も多い。まずは実例を見て、こうした関心のもとに発話されたものではないことを実感しよう。ついでに「仕組み」という語を使って訳すことが難しいことも確認してもらえると嬉しい。

(5)　[**状況説明**] "One time I tried to sharpen a stick so it could turn into a pencil"「一度、棒を削って尖らせて鉛筆にしようとしたことがある」と発言した人に対するツッコミ。

that's not **how pencils work**

(https://twitter.com/ko_winz/status/393399248370159617)

いや、鉛筆ってそういうもんじゃないから。

(6)　[**状況説明**] Claire をある場所に急いで送るために Kayla が小型飛行機を離陸させようとしていると、Claire が、恐竜に追われながらやってくる仲間の Owen の姿を認め、同じ飛行機に乗せて助けるべきだと言い出す。

Claire:	Pull over.[7]
Kayla:	That's not **how planes work**.

（[映画] *Jurassic World: Dominion*）

クレア：	脇寄せを。
ケイラ：	車みたいに言うんじゃないよ。

(7)　[**状況説明**] Epik Burger というハンバーガーショップのメニュー。

How it Works

1. Choose a burger. Be adventurous.

2. Choose your bun.

3. Choose your beef (or bison).

4. Have it cooked your way. *We recommend medium.*

7　タクシーなどに乗っていて、このあたりで降りたいと伝える時には、この Pull over.「脇寄せしてください」を使うのがお決まりのパターン。

5. Make it a meal. Save a buck.

注文の仕方：

1. ハンバーガーの種類を選んでください。冒険してみましょう。
2. バンズの種類を選んでください。
3. ビーフ（またはバイソン）の量を選んでください。
4. お好みの焼き加減をお申し付けください。**オススメはミディアムです。**
5. セットにして1ドル得しちゃいましょう。

(8) **[状況説明]** 刑事 Jake が連続落書き犯 Trevor を捕まえたところ、警察本部長補佐の息子だった。

Jake: Oh, Podolski, just like Deputy Police Commissioner Podolski. Your father is Deputy Police Commissioner Podolski.

Trevor: I'm not sure **how things work** here, but does that mean that your career is in my hands?

（［ドラマ］*Brooklyn Nine-Nine*, S1E2）

ジェイク： え、ポドルスキーって、警察本部長補佐のポドルスキーと同じ苗字じゃないか。君のお父さんは、警察本部長補佐のポドルスキーなんだね。

トレヴァー： 警察のルールがどういうふうになってんのか知らないんだけどさ、刑事さんの運命は俺が握ってるってことかな？

(5) の how pencils work は pencils の作られ方を指し、(6) の how planes work は planes が普通どのように扱われるかを指している。(7) は it が何を指しているのか漠然としているが、how it works 全体としてはこの店の注文の仕方を指すということで間違いなさそうだ。(8) の how things work はここでは「物事がどんなふうに進められているのか」という感じの漠然とした言い方で、具体的には人事のルールのことを言っている[8]。ポイントは、(5)–(8) のどの例も「パーツに分解→理屈の説明」という関心の持ち方をしていない

---

8 人事のルールの話だということが明示されず、things とぼかされることによって、脅しの怖さが増した印象を受ける視聴者もいるだろう。このようにことばが意外なかたちで怖さを獲得しうることについては、p.155 の注**⓫**も参照。

ということである。ここでの［how X works］は、X にまつわる物事の進み方・ことの運びがどんな感じか、人々が X をどう扱っているかを述べようとしているのだ。なぜという理屈への関心はない。X がどうであるのかということだけに関心を寄せている。

今回の本文の This is how Japanese works. は、日本語の代名詞まわりの実情がどうなっているのかの話をしているという解釈することも、（その実情は例文ですでに示したので自明ということにして）どういうメカニズムでそういう実情になっているのかの話をしているのだと解釈することも可能だろう。語注では両解釈に対応する訳を示し、対訳では後者の解釈を取っている。

work は一筋縄ではいかない。［how X works］を覚えることも必要になる。さらにこの［how X works］も一筋縄ではいかない。いったい何筋縄あれば足りるのか……まったく、どうりで、英語学習はいつまで経っても楽しいわけだ。

本文解説 ┃ 内容をじっくり考えるヒント

　「翻訳の視点から」では「リズム」という曖昧な要素に触れたが、文章というのは不思議なもので、「意味」の論理だけで動くものではないため、あえて非効率な文体が好まれる場合もある[1]。いささか極端な例を挙げれば、子供向けの作品の場合、主語をわざと反復することも多いだろう。たとえば Oscar Wilde の童話 "The Happy Prince" より、つばめが初めて「幸福な王子」に出会う場面に関して、原文と2種類の邦訳を見てみよう。

　　All day long he flew, and at night-time he arrived at the city.
　　'Where shall I put up?' he said; 'I hope the town has made

1　ここでの「意味」は狭い意味での「意味」。筆者の1人（平沢）が専門としている認知文法という言語理論では、「意味」というものを非常に広く捉えており、「文体」も「意味」の一部だと考える（Langacker 2008: Chapter 13；平沢・野中 2023）。

preparations.'

Then he saw the statue on the tall column.

'I will put up there[2],' he cried; 'it is a fine position, with plenty of fresh air.' So he alighted just between the feet of the Happy Prince.

'I have a golden bedroom,' he said softly to himself as he looked round, and he prepared to go to sleep; but just as he was putting his head under his wing a large drop of water fell on him. 'What a curious thing!' he cried; 'there is not a single cloud in the sky, the stars are quite clear and bright, and yet it is raining. [...]'

　一日中、つばめは飛びつづけ、夜になってこの町にたどり着いたのである。「どこに泊まることにしようかな？」と、**つばめは**言った。「この町にいろんな施設があるといいんだがな」

　そのとき、高い円柱の上の彫像が目に留まった。

　「あそこに泊まろう」と、**つばめは**大きな声で言った。「さわやかな風がそよそよと吹いて来る絶好の場所だ」そこで**つばめは**幸福な王子の両足のちょうどあいだにとまった。

　「ぼくは黄金の寝室にいるんだ」と、あたりを見まわしながら、**つばめは**そっとつぶやいて寝支度をととのえた。しかし、ちょうど頭を翼の下に入れようとしていたとき、大きな水滴がひとつ落ちて来た。「不思議なこともあるものだ！」と、**つばめは**叫んだ。「空には雲ひとつないし、星はすごくはっきりしていて明るいというのに、雨が降るなんて。［…］」

（富士川義之（訳）「幸福な王子」）

　一日じゅう、つばめは飛びつづけ、夜になってこの町に着きました。「どこ

2　[put up ＋場所]「〈場所〉に泊まる、宿泊する」。これよりはるかに頻度が高い [put 人 up]「〈人〉を泊めてやる」と関連付けて記憶している話者が多いだろう。しかし [put 人 up] と「上」の up の関連はどうか。ひょっとしたら、宿泊系の意味で put 人 up と言い始めた歴史上最初の人たちは、ベッドの上や2階の寝室など高い位置——up な位置——にいさせてやることを表現しようと思って put 人 up と言い始めたのかもしれないが、現代の話者の中で [put 人 up] を「上」の意味の up と結びつけて記憶している人や、[put 人 up] と聞くたびに「上」の意味の up の知識が活性化する人はそこまで多くない可能性がある。実際、地下の部屋に泊めてやる場合も [put 人 up] である。現代の話者にとっては、生まれ落とされた世界においてもうすでに宿泊の意味の [put 人 up] がそこらじゅうで大変な頻度で使われているのだから、単にそのフレーズの使い方を模倣すればよいのである。

にとまろうかな？　町で用意してくれているといいんだがな」

　そのとき、高い円柱の上の像が目にとまりました。

「あそこにとまろう。さわやかな風のかよういい場所だ」。そうして幸福な王子の両足のまんなかにとまりました。

「金の寝室ができた」あたりを見まわしながら、**つばめは**そっとひとりごとを言って、寝る支度をしました。ところが、頭を翼の下へ入れようとしていた、ちょうどそのとき、大きな水のしずくが体にたれかかりました。「なんて奇妙なことだ！　空には雲ひとつなく、風もよく冴えて、きらきらときらめいている、それだのに雨が降ってるなんて。[…]」

（西村孝次（訳）「幸福な王子」）

　太字にした「つばめは」は、（狭い意味での）「意味」の論理だけで考えれば省略しても問題ない主語である。しかし、特に前者の富士川訳で顕著なように、あえて残すことでつばめに注目する語り手の視線を明快に維持し、ゆったりとした独特なリズムを作っている。原文通りといえばそれまでだが、子供にゆっくり読み聞かせることを意識した訳文のように思われる[3]。

　あるいは、Martin Luther King Jr. の有名な演説の一部。

I have a dream today!

I have a dream that one day, down in Alabama, with its vicious racists, with its governor having his lips dripping with the words of "interposition" and "nullification" — one day right there in Alabama little black boys and black girls will be able to join hands with little white boys and white girls as sisters and brothers.

I have a dream today![4]

3　本文中では富士川訳のリズムを讃えたが、当然ながらリズムを作る要素は主語の反復に限られず、西村訳の「ですます調」の方が童話らしいと感じる読者も多いだろう。また富士川訳で下線を引いた部分は、英語でしばしば見られる、'Where shall I put up?' **he said**; 'I hope the town has made preparations.' のような、同一人物の連続した台詞中に挟まれる he said を訳出した部分だが、日本語ではあまり見ない書き方なので、これを翻訳調と感じる読者も少なくないはずだ。逆に西村訳は he said のみならず引用部に2箇所ある he cried をいずれも訳出していないので、そこに不満を感じる読者もいるかもしれない。複数の翻訳を比べるのも面白いものである。

4　"I Have a Dream" の全文は、たとえば次のサイトで読むことができる。
https://americancenterjapan.com/aboutusa/translations/2368/#enlist

　　いま、私には夢がある！

　　私には夢がある——残忍な人種差別主義者と、「州権優位」とか「法
　律無効」と口角泡を飛ばす知事がいるアラバマで、いつか、いつの
　日か、そんなアラバマで、黒人の小さな男の子・女の子が、兄弟姉
　妹のように、白人の小さな男の子・女の子と手を取り合えるように
　なると。

　　いま、私には夢がある！

　スピーチの途中なので若干わかりづらいが、「夢がある」のは「私」
だというのはもはや自明の箇所なので、「私には」は省略しても問題ない。
だが、日本語訳でも「私には」をあえて繰り返すことで、独特の効果（力
強さとでも言えばよいだろうか）を生み出せる。

　子供向けの文章や演説、あるいは「翻訳の視点から」で取り上げた台
詞は、どれも「目で読む」というより「耳で聞く」という面に重きが置
かれた、特殊な例ともいえる。とはいえ、大人向けの速読術の指南書に「脳
内音読をやめる」というテクニックがしばしば紹介されていることを踏
まえれば、それだけ声に出さぬ「音読」をしている人が多いということ
だろう。いわば多くの人は「目で聞く」読書をしているわけだ。であれ
ば、音読して効果的な文章にするというのは、案外と広い有効射程を持っ
ているのであり、「意味」に加えて「リズム」の論理にも気を配りたい
ものである。

4

Ted Goossen,

"Haruki Murakami and the Culture of Translation" (2013)

*

テッド・グーセン
「村上春樹と翻訳文化」

　著者は日本文学の翻訳家としても知られる、ヨーク大学名誉教授。村上春樹作品では「ドライブ・マイ・カー」や、『風の歌を聴け』の新訳などを手がけている。

　ここに所収したのは、*In Translation* という、翻訳家たちが翻訳をめぐって記したエッセイ集に収録された文章の一部。カタカナ・ひらがなの漢字起源にまで触れながら日本の翻訳文化を語るエッセイのうち、村上の訳業——特に、Scott Fitzgerald の *The Great Gatsby* の翻訳——について取り上げている箇所を抜粋した。

　Ted Goossen は村上訳 *The Great Gatsby*（『グレート・ギャツビー』）の訳者あとがきである「翻訳者として、小説家として」のほぼ全文も英訳し、*In Translation* に所収している。村上と Goossen の文章がこの順で連続して掲載されているので、Goossen の文章はおそらく「翻訳家として、小説家として」を英訳したあとに書かれたものだろう。となるとこの文章は、*The Great Gatsby* の（村上による）訳者あとがきの（Goossen による）訳者あとがきという性質を持っている。そんなわけで本文では、「翻訳者として、小説家として」と *The Great Gatsby*／『グレート・ギャツビー』に焦点が合わせられている。

❶The influence of jazz and American literature on Murakami has led some Japanese critics to call his writing ❷"unnatural" (read "un-Japanese"), especially in the 1980s when he first became popular. Today, though, such criticisms seem rather ❸moot—
5 having been read by ❹so many for so long, the "Murakami style" now feels ❺quite normal, especially for ❻those raised on it (I include myself in this group). Still, some continue to ❼lament ❽its effects on today's readers, whose view of literature has been narrowed, ❾so the argument runs, by the ❿likes and dislikes of people such
10 as Murakami and his occasional collaborator, Motoyuki Shibata, another star translator of American fiction. ⓫Given America's postwar military occupation and the decades of American influence that followed, ⓬the impact of American culture on Japan (and the rest

---

❶ The influence of jazz and American literature on Murakami: 「jazz and American literature が Murakami に与えた influence」。

❷ "unnatural" (read "un-Japanese"): 「「不自然な」(これは「日本語的でない」という意味だ)」。→「文法解説」

❸ moot:「議論の余地がある」。[a moot {question/point}]「まだ議論の余地が残っている {問題/論点}」というフレーズが高頻度。

❹ so many for so long: so many for so long, that the "Murakami style" now feels quite normal ということ。→「文法解説」

❺ quite normal:「いたって普通」。very や a little などで程度を上げ下げできない normal や perfect などの形容詞の前にある quite は「まったくもって」の意。

❻ those raised on it:「it (=the "Murakami style") で育った人々」。[be raised on 飲食物] は「〈飲食物〉を飲み食いして育つ」の意のよくある言い回し。例: For decades, experts have debated why children **raised on** breast milk tend to score higher on intelligence tests. ([新聞記事(WEB)] Benedict Carey, "The benefits of breast milk may depend on a gene") 「何十年もの間、専門家の間で、母乳で育てられた子どもの方が知能テストの成績が良いのはなぜかということについて議論がなされてきた」。この on と [feed 生物 on 食べ物] の on の間に類似性を見出している話者も多そう。例: We

　ジャズとアメリカ文学が村上に影響を与えた結果、日本の批評家のなかには、村上の文章を「不自然」と呼ぶ者もいた。これは特に 1980 年代、村上が初めて人気を博した頃に顕著だった。だが今日、この手の批判は疑わしく思える。実に多くの人々に実に長く読まれてきたことで、「村上文体」は今やいたって自然に感じられる。この文体で育ってきた者にはなおさらだ（私もその一員である）。とはいえ、「村上文体」が今日の読者に与えた影響を相変わらず嘆く者もいる。この手の人々の議論は次のように続く——村上や、時に応じて村上に協力する、やはりアメリカ文学のスター翻訳家である柴田元幸といった連中の好き嫌いによって、今日の読者の文学観は狭められてしまった、と。第二次大戦後のアメリカ軍による占領、それに続く数十年におよぶアメリカの影響を思えば、アメリカ文化が日本に（また地球上のその他

fed the horses with/on apples, oats, and hay.(*MWALED*, s.v. *feed*) 「うちでは馬にリンゴとオート麦と干し草を食べさせていました」。

❼ [lament X]: 「X を悲しいことだと嘆く」。

❽ its effects on today's readers: 「it が today's readers に与えた effects」。前頁注❶も参照。

❾ so the argument runs: 「…と、このように議論は進んでいく」「その議論によれば…」。lament する人たちが argue するところによれば、today's readers の view of literature は the likes and dislikes of ... によって狭められてしまっている、ということ。so runs the argument という語順も可。

❿ likes and dislikes: 「好きなもの、嫌いなもの」。例：I know his **likes and dislikes**. 彼の好き嫌いを知っています（◆ likes と対照させるときは /díslaɪks/ と発音する）（『オーレックス』s.v. *dislike*）。

⓫ Given: [Given X, SV]「X ということを考慮すると、SV だと言える」。「思考の出発点、土台、前提として X を与えられると」のように、「与える」の give とのリンクを見出している話者もいるかもしれない。

⓬ the impact of American culture on Japan (and the rest of the globe): 「American culture が Japan (and the rest of the globe) に与えた impact」。注❶と注❽も参照。

of the globe) ❶is bound to ❷remain a heated issue, and Murakami's writing is placed ❸squarely in the middle of it.

Nevertheless, thanks to this ❹deep and long-standing tie with
5 America, Japanese readers ❺come to a work such as ❻*The Great Gatsby* with considerable background knowledge. Although few can speak the language very well, ❼many are comfortable reading English at some level, and almost everyone has a basic ❽vocabulary. They are also likely to have a vague image—formed primarily
10 through films—of what ❾the Roaring Twenties looked like. Murakami can count on this experience, which means that when he comes to a crucial yet untranslatable phrase such as "❿old sport,"

---

❶ [be bound to V]: 「V を免れない、V の運命にある」。

❷ remain a heated issue: 「a heated issue のままである」。

❸ [squarely in the middle]: [right in the middle] と同じく、「ど真ん中に」を表すよくある言い回し。

❹ deep and long-standing tie: 「深く長い結びつき」。long-standing という形容詞の後に来やすい名詞の 1 つが relationship。今回の tie も relationship の類義語。

❺ come to a work such as *The Great Gatsby* with considerable background knowledge: 「considerable background knowledge をもった状態で a work such as *The Great Gatsby* と出会う」。[come to プロジェクト・仕事など with 態度・知識など] は、プロジェクトや仕事などに取り掛かり始める段階で、どのような態度や知識などを持っているかを語る慣習的な表現。例: It's important that you **come to** this task **with** no preconceptions. (*OALD* online, s.v. *preconception*) 「この作業をやっていただくにあたって、事前の思い込みが一切ないことが重要なんですよ」。

❻ *The Great Gatsby*: 20 世紀アメリカ文学を代表する作家のひとり Scott Fitzgerald (1896-1940) が 1925 年に発表した長篇小説で、村上春樹訳の邦題は『グレート・ギャツビー』。村上は、人生で出会った最も重要な作品だと公言している（村上 2006: 333）。

の地域に）与えた衝撃は、今後も白熱した議論でありつづけるだろう。村上の文章は、そのど真ん中にある。

　とはいえ、このようにアメリカと深くて長い結び付きがあるからこそ、日本の読者は『グレート・ギャツビー』のような作品に、相当の背景知識を持った状態で出会えるのだ。ほとんどの日本人は英語をうまく話せないものの、多くの日本人は、ある程度までならそう大した苦もなく英語が読めるし、基本語彙の一覧ならほとんど全員の頭に入っている。また、「狂乱の20年代」と呼ばれるものがどんな感じだったかについても、漠然としたイメージなら——主に映画を通じてつくられて——日本人もたいてい持っているだろう。村上はこうした日本人の知識に頼ることができる。かくして、「old sport」というきわめて重要ながら翻訳不可能な言い回しに行き当たったとき、村上

❼ many are comfortable reading English at some level: ごちゃごちゃ補えば many <u>Japanese readers</u> are comfortable <u>while they are</u> reading English at some level ということ。ただし ［be comfortable doing …］「特にストレス・困難など感じることなく…することができる」は非常に頻度の高い表現なので、母語話者ならば丸ごと覚えているだろう。［at … level］についてはp.36 注❶参照。

❽ vocabulary: 英語の a vocabulary は日本語の「語彙」とは違って個々の単語を指す用法を持たない。言語の使い手の頭の中にある単語たちの集合体が a vocabulary。

❾ [the Roaring Twenties]:「「狂乱の1920年代」：米国でジャズと狂騒と繁栄の時代」（『ランダムハウス』s.v. Roaring Twenties）。The Great Gatsby は1922年が舞台。

❿ old sport: The Great Gatsby で Gatsby の口癖として登場するフレーズ。親しみを込めた呼びかけの表現で、「友よ」くらいの意。ポイントは、アメリカ英語の言い回しではなく、当時のイギリスにおいて名門校出身の男子が使っていたという点。村上も推測するとおり、Gatsby はオックスフォード在籍中にこのことばを学び、「身に付いた口癖として、またある種の気取りとして」使っているのだろう（村上 2006: 355）。

he has the option—which he takes—of ❶leaving it in English, and then discussing it in the ❷afterword. ❸Far better, he insists, to ❹stick with the original than replace it with a Japanese phrase whose associations are ❺markedly different.

5　　Translators of Murakami's books into Western languages face similar problems, but ❻have no recourse to a similar solution. ❼The word *kokoro* (mind/heart), for example, which was the title of Soseki's masterpiece, also plays a central role in my favorite ❽Murakami novel, *The Hard-Boiled Wonderland and the End of the World*. There, 10 the hero loses his *kokoro* when his shadow is ❾forcibly detached from his body and spends the rest of the narrative trying to reunite with it. In English, however, the hero is trying to save ❿his *mind*, a word that ⓫subtly alters the emotional and spiritual aspects of his

---

❶ leaving it in English:「英語のままにする」。要するに「オールド・スポート」と訳すこと。なお村上は初出時のみ「あなた」と訳した上で「オールド・スポート」とルビを振っている。

❷ afterword:「あとがき」。今回のように著者以外が書くものを指す場合も多い。afterw<u>a</u>rd「あとで」との混同に注意。

❸ Far better, he insists, to: 著者に失礼ながら色々いじると、リズムが格段に悪くなるが、He insists that it is far better to ... ということ。

❹ stick with the original: [stick with 従来のもの]「〈従来のもの〉のままでいく、新しい方向にブレない」。例：Guy A: I want some alcohol / Girl B: Let's get prosecco / Guy A: I think I'll **stick with** beer (*Urban Dictionary*, s.v. *prosecco*)「男 A：酒飲みたいな／女子 B：じゃプロセッコ頼もうよ／男 A：俺はフツーにビールにしとくよ」。prosecco は「イタリア Veneto 地方で産する発泡白ワイン」(『リーダーズ』s.v. *Prosecco*)。

❺ [markedly different]:「著しく異なる」の意味の高頻度フレーズ。markedly は /máːrkɪdli/ と発音。発音の類例：supposedly「(本当かどうかはさておき)信じられているところによると」/səpóʊzɪdli/。

❻ have no recourse to: [{have / with} no recourse to X]「X に頼る手段がない(状態で)」。

には選択肢として——実際、この選択肢を採用したのだが——それをそのまま「オールド・スポート」と残し、あとがきで議論するという手があった。村上の主張としては、まったく異なる含意をともなう日本語の言い回しに置き換えるくらいなら、原語のままの方がはるかにいいというわけだ。

　村上の作品を西洋語に訳す翻訳家たちも似たような問題に直面するが、頼みの綱となる似たような解決策はない。たとえば、夏目漱石の名作のタイトルにもなっている「こころ」という言葉は、英語では mind や heart に当たり、私が一番好きな村上作品である『世界の終りとハードボイルド・ワンダーランド』でも重要な役割を演じている。主人公は、身体から影を無理やり引き剥がされて「心」を失う。以後の物語では影との再会が目指される。だが英訳版では、主人公は mind を救おうとする。この語によって、主人公の感情・精神面の葛藤がひそかに変更されている。もし訳者アルフレッド・バーンバ

❼ The word *kokoro* (mind/heart): 日本語の「心」が英語の mind にも heart にも対応しうるということを言っているわけだが、「心」と聞いて平均的な日本語母語話者が思い浮かべるのは heart 側の意味のみなのではないか。mind 側の解釈もパッと思い浮かぶのは心理学・言語学・哲学およびその関連分野に馴染みがある人ぐらいかもしれない。

❽ Murakami novel:「村上の小説」。[名詞＋名詞] の複合語の高頻度パターンには色々ある（→ 5 章「文法解説」）が、その 1 つが [創作者＋創作物]。例 1：a **Woody Allen movie**（[ドラマ] *Seinfeld,* S3E11）。例 2：our **McMurtry CDs**（[小説] Emily Giffin, *Baby Proof*）。

❾ forcibly detached: [forcibly ＋引き離す系 V] はとてもよく使われる。特に多い V が remove。例：The police threatened to have protestors **forcibly removed**. (*LDOCE*, s.v. *forcibly*；太字原文)「警察は、抗議運動参加者は強制退去だ、と脅していた」。今回用いられている [detach X from Y]「X を Y から切り離す」もやはり引き離す系表現。

❿ his *mind*, a word that ... : a word that ... の部分は *mind* と「同格」の関係を結ぶ。「この mind という単語は……な単語だ」。

⓫ subtly alters ... :「…をひそかに変更する」。形容詞 subtle /sʌ́tl/ と副詞 subtly /sʌ́tli/ は「パッとはわからない ｛ような／かたちで｝」。

dilemma. ❶Had translator Alfred Birnbaum been given the option, ❷you can bet he would have left *kokoro* in the original and then explained his choice in ❸a translator's preface. It is hard to imagine a Western publisher ❹going along with such an ❺arrangement,

5　however, since translators here are kept ❻tucked safely out of sight to ❼perpetuate the illusion of "seamlessness." For English readers, it appears, books need to be ❽dubbed, not subtitled.

---

❶ Had: この１語を見た時点で、「たぶん仮定法過去完了の if なし倒置のパターンが続くのだろう」と予想できただろうか？　→「文法解説」

❷ [you can bet (that) SV]:「賭けて大丈夫なほど、絶対 SV」。you can bet (that) が副詞的な意味（≒ definitely）を表す１つのかたまりをなして、それが SV の前に添えられていると考えることも可能（特に that なしの時）。類例１：[I think ...]「たぶん…」。類例２：[I'm sure ...]「きっと…」。p.122 注❶も参照。

❸ a translator's preface: preface は「序文、まえがき」。発音は /préfəs/。日本語の書籍では、解説の類は「あとがき」として、本文より後ろに所収されることが多い。英語の書籍でそれに当たる文章は、本文より前に preface として所収されるのが一般的。[translator's preface] は「訳者まえがき」に相当する決まった言い方で、使用頻度の高い類例に [editor's note]「編集後記」がある。これらの言い回しにおける translator や editor は、もはや普通の意味での可算名詞ではなくなっている（不可算化していると言ってもいいし、その所有格の形——translator's や editor's——でほとんど形容詞のようになっていると言ってもいい）。「X は子どもの遊びのように簡単だ」という（なんとも子どもに失礼な）言い回しの [X is child's play] は、a child's play とはならないので、child が可算性を失っていることを見て取りやすい。今回の a translator's preface は a があるので a translator 's preface だろうと思ってしまったかもしれないが、自然な解釈は a translator's preface であり、a beautiful baby と同じ構造。冠詞として the ではなく a が選ばれているのは、Birnbaum 氏の訳書には訳者まえがきがなく（この段落の重要なポイント）、「この訳書の translator's preface と言えばほらアレだよ、アノ translator's preface だよ」と言えるような translator's preface が存在していないから。上で「まえがきをつけて」と訳しているのはこうした本文理解と連動してのこと。

❹ going along with: [go along with 提案・計画など]「〈提案・計画など〉に

ウムに例の選択肢があれば、間違いなく彼は kokoro とそのまま残し、なぜそうしたか、まえがきをつけて説明しただろう。しかし、西洋の出版社がこの取り決めに賛同するとは想像しがたい。西洋の翻訳家は、「継ぎ目がない」という幻想を生きながらえさせるべく、見えない場所にひっそりと仕舞い込まれるのが常だからだ。どうやら英語圏の読者にとって本は、吹き替えられねばならず、字幕ではだめらしい。

賛成し、それにもとづいて物事を進めていく」。例：She just **goes along with** everything he suggests.(*OLT*, s.v. *agree*)「彼女は彼の提案することに何でもほいほい乗っかってしまう」。

❺ arrangement: ここでは「取り決め」で問題ないが、暗黙のうちに了解された物事のやり方や事の運びも指せることに注意。例：(Nick Bowen が Ed のもとで働き始める) At one point, Bowen mentions to his boss that he can call him Bill, but understanding that the name is an invention, Ed rarely bothers, preferring to address his employee as *Lightning Man*, *New York*, and *Mr. Good Shoes*. Nick is perfectly satisfied with the **arrangement**. ([小説] Paul Auster, *Oracle Night*)「あるときニックは、よかったらビルと呼んでください、とボスたる男に言うが、その名が捏造であることは相手も感じとり、エドはめったにそれを使わず、相変わらず稲妻男、ニューヨークさん、ミスター高級靴などと呼びつづける。ニックもそれでまったく異存はない」(柴田元幸 (訳)『オラクル・ナイト』)。

❻ tuck: 何かを狭い空間に移動させることを表す。秘密の場所に隠す場合も多いが、そうでないことも多い。例：She **tucked** the newspaper under her arm. (*OALD* online, s.v. *tuck*)「新聞を脇に挟んだ」。→「翻訳の視点から」

❼ perpetuate the illusion of "seamlessness": [perpetuate 好ましくないこと]「〈好ましくないこと〉を長続きさせてしまう」。seamlessness は「縫い目、途切れ目などがなく滑らかであること」の意だが、ここでは二重引用符で囲まれ「人々が seamless だと言っているだけで、自分はこれを seamless だとは思わない」ということが示唆されている (illusion「幻想」という名詞を使っていることとも響き合っている)。→「翻訳の視点から」

❽ dubbed, not subtitled:「吹き替え版であって字幕版でない」。

翻訳の視点から

☞ 異化 foreignization と同化 domestication

　翻訳研究をかじると必ず出てくる二項対立として、foreignization と domestication というものがある。前者は「異化」、後者は「同化」と訳されることが多いが、英語のまま考えたほうがわかりやすいかもしれない。前者 foreignization には foreign が隠れているとおり、外国の事物をそのまま外国風に残すことである。したがって訳文中に異物として残るため「異化」と呼ばれる。いっぽう domestication には domestic（国内の）が隠れているし、domesticate に「〈動物〉を飼い慣らす」という意味があることを思えば、外国の「異物」を馴致するというニュアンスがあることが見えてくる。要は、訳文として「自然」になるよう「同化」することを指す。

　時折出される例だが、まだファーストフードが浸透していなかった時代の日本で hamburger を訳すとしよう。このとき、「ハンバーガー」とカタカナで音訳するのが一種の foreignization で、多くの読者には謎の食べ物として提示される。いっぽう、気軽に安く食べられるという共通点から「立ち食い蕎麦」に置き換えるのが（一番極端な）domestication だ。端的に言えば、「わかりやすくて自然な訳文となるが、外国の他者的な雰囲気がなくなる」のが domestication で、「わかりにくいかもしれないが他者を他者として受け入れる」のが foreignization となる。近年の、特に英語圏の翻訳論を覗くと、foreignization の倫理的な「正しさ」——他者を飼い慣らさない態度——が言祝（ことほ）がれている場合が多い[1]。後述する通り一理はあるのだが、しかし、そもそも原文を原語で読む読者（hamburger をふつうに知っている英語読者）にとっては「自然」だった文章であるし、何でもかんでも foreignization して

1　foreignization ／ domestication という考え方自体は古くからあるが、現代の翻訳研究でこれに注目したのは Lawrence Venuti という研究者である。邦訳としてはヴェヌティ（2022）がある。

しまうと、それはもはや翻訳ではないだろう。実践的な言い方をすれば、どこまで foreignization を維持するかが翻訳家の腕の見せ所となる。

　今回の文章をこの二項対立でまとめれば、村上春樹の翻訳戦略は foreignization 寄りである、となる。であれば、翻訳によって自分の文体を確立してきた村上であるから、その日本語が "unnatural" (read "un-Japanese") であるという言い分は、foreignization ＝外国化されているという意味でまったく正しい。やれやれ、批判者のあるいは偏狭な日本語観が出てしまっているのかもしれないし、そうではないかもしれない。

　本文の末尾では、村上流の翻訳術が使えない——need to be dubbed, not subtitled という——英語圏の翻訳が取り上げられている。この「domestication が強く求められる英語圏の翻訳」を象徴的に示す事柄として、英語圏の翻訳書では、多くの場合、表紙に訳者の名前がクレジットされないという事実がある。つまり、まるでもともと英語で書かれたかのように商品化されているのだ。これが translators here are kept tucked safely out of sight to perpetuate the illusion of "seamlessness" の背景であり、先述したように近年 foreignization がありがたがられている前提である。したがって、本文で柴田元幸を形容している star translator という語は、英語ではほとんど自家撞着な響きさえするだろう（ひっそり仕舞い込まれるスター ?!）。日本では、少なくとも文芸翻訳の場合、訳者の名前が必ずや表紙に印刷されている、つまり訳者が「目立つ」ことが許容されている、つまりもともと日本語で書かれたかのように商品化されていないわけで、事情が大きく異なっている。だからこそ、訳者あとがきという文化もごく自然なものとして受け入れられ、さらには、もう過去のことかもしれないが、多少読みにくい訳文さえ許容されがちなのだ。そうした意味では、村上的 foreignization が許されやすい土壌が整備されている——あるいは、されていた（？）——と言えるだろう。（緩く p.102「本文解説」へ続く……）

```
┌─────────────────────────────────────────────┐
│        文法解説〜英語をさらに深く理解する        │
└─────────────────────────────────────────────┘
```

☞ 「猫」 と書いて 「かわいい」 と読む ———— p.84 注❷

　いや、読まないのだが、読むと言い切ることによって、「猫」というもの
が本質的に「かわいい」という特徴を持っていると主張することができる。
日本語の「X と書いて Y と読む」はそういう表現だ。

　英語にも、同じではないのだが、多少似たフレーズがある。[For X, read Y]
「X と書いてありますが、正しくは Y です」である。英英辞典の例文を見て
みよう。

(1) For 'November' (=instead of November) on line 6, **read** 'September'.

(*LDOCE*, s.v. *read*)

　6 行目に「11 月」とありますが、正しくは「9 月」です。

実際には November と書いてあるのだが、それをそのまま November と読
む代わりに、September と読んでほしいということ。

　おそらく世界最大の英語(歴史)辞典である *Oxford English Dictionary* (*OED*)
は、この read を以下のように定義している。

(2) to substitute or understand (a word or phrase) *for* another when reading,
in order to correct or alter the sense of a passage. In later use frequently
ironic.　　　　　　　　　　　　　　　　　　　(*OED*, s.v. *read*)

　読解に際して、ある〈単語や句〉を別の単語や句の置き換えとして用いる、〈単語や句〉
と理解する、の意。この置き換えの目的は、文言の意味を訂正・変更するためである。
時代が進むと、皮肉で使うことも多くなった。

ポイントは correct or alter の部分である。(1) では November という単純な
ミスの訂正に対応するが、ことばの正確な意味をえぐり出すような場合もあ
る。今回の "unnatural" (read "un-Japanese") はまさに後者の用法で、一部の

批評家が使っている "unnatural" ということばの真意を "un-Japanese" と解釈する著者の分析が示されている。類例を追加しよう。

(3) **[状況説明]** *Cambridge Grammar of English: A Comprehensive Guide* という文法書の著者 2 人がウェブ上で公開している短い文章の一節。so と like と how という単語の用法が変わってきていることを指摘した直後の部分。

The three words are not the only ones to have changed, but they are the ones that seem most often to irritate more conservative speakers, for which **read** 'grumpy old men and women'.

(Michael McCarthy and Ronald Carter, "The rise of rebel grammar")

変化したのは so と like と how だけというわけではないが、この 3 語が一番、保守寄りの話者——要するに「気難しいお爺さん、お婆さん」——を苛立たせることが多いようなのだ。

この例では、いったんは more conservative speakers という無難で波風立たない表現を使ったものの、for which 以降では開き直って、本当はどういう人のことを意味していたのか、その真意を自らえぐり出しているわけだ。

ここで (2) を見直してみると、*OED* は ironic の用法にも言及している。ironic とは、思っていることと逆のことを言うという意味である。read の ironic 用法の実例を 1 つ見ておこう。

(4) It was only a few days earlier that I was sitting in my home office working on an automotive review for an incredibly efficient (**read** "boring") family sedan when my phone rang.

（［ルポ（WEB）］ "An historic ride at the 2015 Rolex 24 at Daytona Heritage Exhibition"）

そのほんの数日前のことだった。自宅の書斎で、信じられないほど機能的な（これは「つまらない」という意味だ）ファミリー向けセダンのレビューを書いていると、電話が鳴った。

書き手は、当該のセダンを efficient だと評価する人のことも想像できたのだろう。efficient だという宣伝文句や評判があったのかもしれない。ひとまずはそれに合わせて efficient と言っておく。しかし、この書き手は本当はこのセダンを良く思っていない。だから efficient という形容詞は、思っていることとは逆のことを言うようなかたちで――ironic に――用いられたものなのである。それでは本当はどう思っているのか？　その真意を示すのに、(**read** "boring")「(ここで言う efficient っていうのは boring って意味ですよ)」と付け足すのだ。

　ひょっとしたら翻訳に関心を寄せる読者の中には、「〈機能的〉と書いて〈つまらない〉と読む」のような訳がぴたりとはまると思われたかもしれない。日本語だけ見るとたしかにちゃんと「はまる」。しかし、この日本語は機能的なものはすべてつまらないということを言いたいときに使うのが一番普通であるように感じられる（冒頭の猫の議論を思い出してほしい）。これに対して、(4) の英語自体が言っているのは当該のセダンがつまらないということだけである。翻訳への関心は英文それ自体の意味への関心と表裏一体であってほしいと個人的には思う。なお、本書の翻訳は read の正しい理解に乗っかって遊んでいるので、そこにも注目してほしい。

☞ so ... (that) ~ は　「とても…なので~」　か？ —— p.84 注❹

　学校で習う英語の定番中の定番の構文に so ... (that) ~ がある。事実、日常会話でも学術論文でも頻繁に用いられる言い回しなのだが、実際のニュアンスをつかみ損ねた訳とともに覚えてしまっている人が多いようだ。その訳とは「とても…なので~」である。

　「とても…なので~」と覚えていると何がまずいのかというと、以下のような英文が自然に感じられてしまう――そして自分でもこういう英文を書くようになってしまう――ことだ。以下の英文は『英語教育』という月刊誌のQ&A コーナー（英語学者や英文学者が読者からの英語の質問に答えるコー

ナー）で語法研究者の柏野健次氏が提示している非常に重要なデータである。
（「??」は「非常に不自然」の意。）

(5) a.　　?? My dog is **so** cute **that** we love her.　　　　　（柏野 2021）

　b.　　?? I was **so** hungry **that** I ate a sandwich.　　　　　（*ibid.*）

「とても…なので〜」を使って訳してみよう。「うちの犬はとてもかわいい
ので、家族みんなからかわいがられています」「とてもお腹がすいたので、
サンドイッチを１つ食べました」……どちらも自然な訳になってしまう！
　問題はどこにあるのかというと、英語の so ... (that) ~ は（柏野氏も指摘し
ている通り）極端なレベルに達するということを表すための言い回しである
のに対して、日本語の「とても…なので〜」は極端までいかなくとも使えて
しまうところにある。(5) の例はどちらも極端とは言えない。たとえば b に
関して言えば、サンドイッチを１つ食べるくらい、なんなら満腹気味でも達
成できるわけで、空腹の度合いが極端であったことによって生じた事態とは
言いづらい。だから英語の so ... (that) ~ はここでは不自然に響くのである。
　ここで so ... (that) ~ の実例を見てみよう。

(6) She's bitten her lip **so** hard it's bleeding.

（［短編小説］Alison Gaylin, "The Gift"）

　唇を強く噛むあまり、血が出てしまっている。

(7) She [=Vianne] found Isabelle sitting on Sophie's bed, **so** angry she was
shaking.　　　　　（［小説］Kristin Hannah, *The Nightingale*）

　ヴィアンヌが見ると、イザベルはソフィーのベッドの上に座って怒りのあまり震えて
　いた。

唇を噛む強さや怒りの程度が極端なレベルに達していることがよくわかるだ
ろう。
　so ... (that) ~ を用いたよくある言い回しに、so ... (that) ~ almost ~「あまり

に…なので、ほとんど／もはや～なほどだ」がある。

(8) ［**状況説明**］語り手は夫 Palmer から「さあコートを着て、出かけよう」
と言われた。

Three years before in a well-meant effort to lift my spirits, Palmer had
given me a lavish Christmas present—a sealskin coat **so** long it <u>almost</u>
reached to my ankles.　　　　　　（［小説］Reynolds Price, *Roxanna Slade*）

3 年前、パーマーが私を元気づけようと、善意で、ずいぶんと高価なクリスマスプレ
ゼントを買ってきてくれたことがあった。それはロングもロング、足首まであろうか
というシールスキンのコートだった。

(9) ［**状況説明**］Elsa はテントを張って野宿をしていたが、嵐が来てテント
が飛ばされてしまった。

A gush of water hit Elsa **so** hard she <u>almost</u> fell.

（［小説］Kristin Hannah, *The Four Winds*）

突風とともに雨がエルサを直撃し、そのあまりの勢いにエルサはあやうく倒れそうに
なった。

almost の後には極端なことを表す表現が来やすいため、同じく極端なこと
を表す so ... (that) ～ との相性が良いわけだ[2]。

　so ... (that) ～ を用いたまた別のよくある言い回しを紹介したいのだが、そ
の前にちょっとした前提の確認。in fact という表現にはいくつかの用法があ
る。そのうちの 1 つが、前文で述べた内容をより強めて「もっと言えば」の
意を表すものだ[3]。たとえば以下の例を見てみよう。

(10) ［**状況説明**］医者から患者への発言。

2　極端な事柄を表す別の副詞に even がある。これと so ... (that) ～ が結びついた例
　　として pp.166-167(1) を参照されたい。
3　また別の用法については P.66 の注❶を参照。

Blood pressure's normal, Darrin. **In fact**, everything's normal.

（［ドラマ］*Bewitched*, S2E2）

血圧には異常なしだよ、ダーリン。もっと言えば、どこにも異常が見当たらないよ。

In fact の前で normal とされていたのは blood pressure だけなのに対し、In fact の後では、健康だという方向性を保ちつつ、normal であるものが everything にまで拡大されている。この前提を踏まえて本題に戻ると、ここで新たに紹介したいよくある言い回しは、so ..., in fact, that ~「もっと言えば、あまりに…なので～」である。以下の (11) では、鼻をかむ音のうるささがいったん very loud と表現されたあと、「もっと言えば、あまりにうるさいために～」と続いている。

(11) **［状況説明］** 豚小屋でのワンシーン。

Lurvy took out an enormous handkerchief and blew his nose very loud— **so** loud, <u>in fact</u>, that the noise was heard by stableboys over at the horse barn. （［小説］E. B. White, *Charlotte's Web*）

ラーヴィーは巨大なハンカチを取り出してとても大きな音を立てて鼻をかんだ――その音はあまりに大きく、向こうの馬小屋の厩務員にも聞こえていた。

(12) Then, without any warning, we both straightened up, turned towards each other, and began to kiss. After that, it is difficult for me to speak of what happened. Such things have little to do with words, **so** little, <u>in fact</u>, **that** it seems almost pointless to try to express them.

（［小説］Paul Auster, *The Locked Room*）

そして僕たちは2人していきなり身を起こし、正面を向き合い、キスを始めた。その後のことは、何がどうなってと言うのは難しい。こういうことは言葉とはおよそ関係がない。あまりにも関係がなさすぎて、もはや言葉であらわそうとするのが無意味に感じられるくらいだ。

(12) では、男と女の体の関係において「言葉」が持つ重要性は小さいといっ

たん述べたうえで、「もっと言えば、その重要性があまりに小さいために〜」と続いている。この例の興味深い点は「〜」の部分で almost も用いられており、so ... (that) ~ almost ~「あまりに…なので、ほとんど／もはや〜なほどだ」の例にもなっている点である。言ってみれば、よくある言い回しとよくある言い回しの合せ技のようになっているのだ。

☞ Had から始まる文 ────────────── p.90 注❶

　語注では、Had を見た時点で「たぶん仮定法過去完了の if なし倒置のパターンが続くのだろう」と予想できるということを示唆した。正確には「この Ted Goossen の文章をここまで読んできた読者は、Had を見た時点で」である。さらに正確に言うなら、「予想できる」というより、解釈としてそれが「真っ先に思い浮かぶ」のだ。

　仮定法過去完了の if なし倒置のパターンというのは次のようなパターンのことだ（なお Mata Hari とはセクシーな女スパイを指す表現）。

(13) **[状況説明]** 話し手（ある会社の新社長）が部屋に入るとその会社の少数株主である Lily がいた。

Had I known my own personal Mata Hari was going to be here, I would have come sooner.　　　　　　　　（［ドラマ］*Gossip Girl*, S2E16）

なんだよ、美人スパイが来てるってあらかじめわかってたら、もっと早く来たのに。

要するに If I had known ... ということ。本文の Had ... も、If translator Alfred Birnbaum had been given the option と読めばよい。

　Had から始まる文というと、仮定法過去完了の if なし倒置のパターン以外に、[i] 主語省略の Had a nice chat with her. のようなパターンと、[ii] 過去完了の疑問文というパターンがある。しかし、[i] は話しことば、くだけた会話で使うのが基本である（より詳しく勉強したい人は真野 2023 へ）。

(14) '**Had** a feeling you'd say that.'　（［小説］Joe Abercrombie, *Red Country*）

そう言うんじゃねえかって気してたんだよな。

この小説は（上の英文の話し手含め）荒っぽい、または俗っぽいことば遣いのキャラクターがたくさん出てくる作品だが、今回の Ted Goossen の文章はそうではない（そもそも会話ですらない）。今回の読者は (14) のような作品を読む時のモードで Had の文に突入したりしない。そのため Had を見たときに「主語省略タイプかも」という [i] の発想は浮かびにくい[4]。

[ii] 過去完了の疑問文でも Had から文が始まることになる。しかし、過去完了の疑問文というのは、過去の何かを前提として、それよりも前の——用語法によっては「大過去」の——出来事や状態との関連を疑問として提示するものである。ここで重要なのは「過去の何かを前提として」という部分だ。次の例を見てみよう。

(15) **［状況説明］** 話し手は、娘から結婚記念旅行をプレゼントされて驚き、夫の方を向いて次のように言う。

Had you known all along? So that's why you took a two-week leave?
（［小説（WEB）］LiLhyz, *The CEO's Ex-Wife Is A Famous Doctor*）
ずっと知ってたの？　2週間も休みを取ったのは、それでだったの？

夫は、2週間の休みを取るという行動を、発話時よりも前に取っている。このことは話し手と聞き手の間で共通の知識・前提となっている。そして話し手は、その過去の時点よりも前（大過去のいつか）からずっと、旅行をプレゼントされることを知っていたのかを尋ねているわけである。Ted Goossen

---

4　これはすなわち、どのようなジャンルでどのようなことば遣いが現れるかに関する知識が、文の構造——狭い意味での「文法」構造——の把握を助けてくれるということである。「文法」ということばを狭く捉えようとする人は、ジャンル知識を文法に関係のない非本質的な要素として切り捨てようとしがちであるが、そのような切り捨てによって、箱に入れて大事にしまっておいたはずの「文法」の理解に、かえって綻びが生じるわけである。野中（2023）も参照。

の文章では、Had が出てきた時点で、「あの過去の時点のことを思い浮かべればいいんだ」と思えるような前提的な過去の話が出てきていない。そのため Had を見た時点で [ii] の可能性というのは（ゼロとまでは確信できないかもしれないが）なかなか思い浮かびづらい。

　今回の英文を英語に慣れている人が読んだ場合に仮定法解釈が真っ先に思い浮かぶのは、これまで確認してきたように今回の状況は [i] のタイプや [ii] のタイプの知識が活性化するような状況ではないからなのだろう。

本文解説 ｜ 内容をじっくり考えるヒント

　「翻訳論」と聞くと、どんなものを想像するだろう？　大型書店では「翻訳」というコーナーが設けられていることもあるが、多くの場合、どうすれば上手く翻訳できるかといった翻訳術系の書籍が大半を占めている。いや、この書き方は不正確で、英語を日本語にどう訳すかという話がほとんどだろう。本書もその片棒を担いでいる感はあるが、英日翻訳術なんて翻訳論のごくごくわずかな領域に過ぎないことは明記しておきたい[1]。

　英語を軸とする翻訳術の隆盛もまた、本文中にある the impact of American culture on Japan (and the rest of the globe) の所産と言える。このように翻訳という現象に注目すれば、世界の政治・経済的な不均衡を分析することもできるのだ。こうした問題を考えた、今や古典とも言える翻訳論として、Itamar Even-Zohar が1970年代末頃から発表した「文学ポリシステム理論」がある[2]。

　ポリシステム理論においては、人間の様々な活動が、相互に関連して影響し合うたくさんの「システム」として捉えられる（「ポリ＝複」は「モノ＝単」に対置される接頭辞）。「文学システム」は、たとえば「政治シ

1　こうした圧倒的英語優位の状況に鑑みるに、白水社編集部（2022）は貴重な一冊である。いわゆるマイナー言語が日本で置かれている状況を知るという「真面目」な関心も満たしてくれるが、各翻訳者のエピソードが非常に面白いので、素朴な読み物としてもオススメ。

2　本文の記述は Even-Zohar（1990）に依拠した。また、日本語で読めるポリシステム理論の梗概としてベイカー＆サルダーニャ（2013）があり、本書の執筆に際しても大いに参照した。

ステム」や「宗教システム」などと並んで、社会を構成するシステムの1つであり、さらに文学システムの内部にも、「翻訳文学システム」や「児童文学システム」など多くのシステムがあると考えられる。文学システム内にあるというシステムは「ジャンル」に近いが、ジャンルという語が時に「お約束」のような静的なイメージを喚起してしまいがちなのに対し（「こんな作品はSFじゃない！」といった言い草は、SFというジャンルが静的に定義されているから発せられるのだろう）[3]、システムは動的であることをEven-Zoharは強調する。これが先述した「相互に関連して影響し合う」の意味である。したがってEven-Zoharにとっては「文学」もまた静的に定義されることはなく、「他のシステムとの関係において、「文学」と呼ばれることが妥当と思われる活動の集合」といった「文学システム」が「文学」と呼ばれるという、いささか堂々巡り的な定式化が行なわれる。

かくしてポリシステム理論は、文学という営為が他の活動（政治や経済など）からいかに影響を受けるかを考察する。さらには、翻訳文学が他の文学ジャンルにどんな影響を与えるかという、翻訳の影響力にしっかりと光を当てたことでもこの理論は知られている（この1文に違和感をもつ読者も多いと思われるが、とりあえず読み進めていただきたい）。

Even-Zoharによる翻訳の位置づけをかいつまんで説明すると、翻訳文学のシステムと自国文学のシステムとの関係には、翻訳文学が①中心的位置、②周縁的位置を占める2種類があるという。前者は自国文学のシステムが「弱い」あるいは変革期にある場合に多く、後者はすでに自国の文学システムが確立されている場合に多い。要は、明治維新の頃の日本を想像すればわかりやすいが、外国の文物に刺激を受け自国のシステムを発展させようという段階においては、翻訳が①中心的位置を占めるのだ。逆に言えば、②周縁的位置にある翻訳の場合、自国（＝受け入れ国）の文学的ポリシステムにきちんと妥当する必要があるため、むしろ翻訳こそが「保守的」「伝統的」な役割を演じるという逆説的な事態も生じる。またEven-Zoharは、翻訳文学全てが中心／周縁のいずれか全てを占めるわけでも、また、全ポリシステムが同じ性質であるわけで

3　本書でも「ジャンル」という語をたびたび用いている（たとえばp.101注4）が、我々としては、読者にそのように静的・固定的なイメージを喚起してほしくはない。いかにもSFっぽいSFもあれば、SFっぽくはないけれどもまあSFというものもあり、さらにはSFかそうでないか悩ましいものもある、といったゆるいジャンル観を持ってほしい。

もないことに注意を促す。たとえば現代日本において、「メジャー」と
される外国語からの翻訳と「マイナー」とされる外国語からの翻訳では
その位置づけが異なる（可能性がある）し、そんな日本の文学システム
はアメリカのそれとも違う（可能性がある）。

　この文学ポリシステム理論から本文を捉え直せば、村上作品というシ
ステムの中ではアメリカ文学こそが「中心的位置」を占め、そんな村上
作品がより大きな日本文学システムにも影響を与えて日本語に変革を起
こしたと、まとめられるだろう[4]。であればそんな村上の訳業が、日本文
学を確立されたシステムと見なす「保守的」な批評家に受け入れられる
はずがない。彼らにとって翻訳は「周縁」であらねばならず、日本語を
変革するなどもってのほかであるからだ。この立場は、規模や次元こそ
異なるものの、本文最終段落で述べられる a Western publisher と相同
的である。Western と言ってもここでは特に英語が想定されているはず
だが、強大なるヘゲモニーを誇る英語文学システムにおいて、日本語文
学システムなど周縁でしかない。「こころ kokoro」ということばの原語
のニュアンスに近づいたり、あるいはそれを学んで英語文学に変革をも
たらしたりするより、日本語・日本文学を英語文学システムに吸収・馴
致することが優先されるわけである。もちろん本文にある通り、日本人
は英語がそれなりにわかり、英語圏の読者は日本語がまずわからないと
いう現実もあるが、ポリシステムにはこの非対称も織り込まれていると
見るべきである。

　「翻訳の視点から」で話題とした foreignization と domestication
も、もともとこうした英語圏の翻訳を受けて錬成された理論だという
点は重要である。日本ではむしろ foreignization 的な翻訳が多かったの
で、これを殊更言祝ぐのは意外に思われるかもしれないが、Venuti（→
「翻訳の視点から」注 1）は、domestication 翻訳がもっぱらな状況で
foreignization の倫理を唱えたからこそインパクトがあったのだ。また、
Even-Zohar を含む（特に英語圏の）翻訳研究が多大な重要性を持つ所
以も、それまで翻訳がアカデミズムでも周縁に置かれていたがゆえ、翻
訳に着目すること自体が価値転覆的営為だったという背景がある。3 段
落前の末尾で「違和感」と書いておいたが、日本では翻訳が必ずしも「周
縁」に置かれていたわけではないので、翻訳に光を当てることの新規性・

4　この辺りの詳細は邵（2022）を参照。同書では村上春樹のほか、1970 年代
　の日本文学における翻訳の影響を実証的に論じている。

意外性はピンと来づらいかもしれない。だが、ある研究者によれば、英語圏の翻訳研究（translation studies）は、フェミニズム批評やポストコロニアル理論と比肩される新しい潮流——男性や宗主国や原典を無条件に「上」としてしまいがちな価値観を転覆させる新潮流——でさえあるのだ（Bassnett [2014: 25-27]）

　こうした日本独自の、欧米と正反対とさえ言える事情があるゆえ、村上の翻訳を foreignization 寄りとあっさり評した「翻訳の視点から」は問題含みでもある。英語という「中心」言語に、「周縁」の文化を foreignization によって刻み込むのは倫理的に正しいかもしれないが、日本文学という、地球規模の文学システムでは「周縁」にある文学に、英語という「中心」言語をあっさり迎え入れてしまうのは、英語の覇権に屈していると見る向きもあるかもしれない。とはいえ、old sport を「オールド・スポート」と音訳することに、本文で主張されているほど日本人読者の英語力が判断基準としてあったかは疑問である。翻訳は外国に触れる機会の１つであるから、どんな形であれ、foreign へ開かれる瞬間は大切にされてほしいものである。

第 II 部

いろいろなことば

5

Ilan Stavans & Lalo Alcaraz

A Most Imperfect Union (2014)

*

イラン・スタバンス & ラロ・アルカラス
『超不完全連合』

　文章を担当する Stavans は、メキシコに生まれ、現在はアメリカで活躍する作家・批評家・研究者。アマースト大学の教授で、専門はラテンアメリカならびにラティーノの文化。絵を担当する Alcaraz は、カリフォルニア州サンディエゴの米墨国境に生まれたメキシコ系。政治諷刺漫画を得意とし、全米の新聞に配信されている。

　本書は副題に *A Contrarian History of the United States*（逆張りで見る合衆国の歴史）とあるように、斜に構えた姿勢でアメリカの歴史を描いた長篇漫画。その中から 1950 年代の文化に関する部分を収録した。

　なお、次ページからは解説の都合でコマごとに区切って掲載しているが、別冊の pp.15-17 には元のレイアウトのままで所収しているので、ぜひそちらでも楽しんでほしい。

❶*A Most Imperfect Union*:

Ⅰ ❷G.C.!

Ⅱ I'M "❸SPEEDEE"

Ⅲ ❹CONFORMITY ALSO
❺TOOK HOLD IN THE
WORLD OF DINING AND
RESTAURANTS. THE GREAT
EQUALIZER, THE ULTIMATE
UNIFIER, IS AMERICAN FAST
FOOD, AND THE "❻GOLDEN
ARCHES" OF **MCDONALD'S** ARE
A SYMBOL OF ❼THAT FALSE
SENSE OF EQUALITY.

Ⅳ ❽FOUNDED IN 1940 AS A BARBECUE RESTAURANT, MCDONALD'S NOW
OPERATES IN 118 COUNTRIES AND SERVES 68 MILLION CUSTOMERS A
DAY. THERE'S NO GREATER **SYMBOL** OF AMERICAN CAPITALISM THAN
MCDONALD'S.

* * *

超不完全連合

Ⅰ 状態よし！

Ⅱ 僕は「スピーディ」

Ⅲ 画一的順応は
食事の世界をも席巻した。
世に平等をもたらした立役者
にして究極の統一者といえば
アメリカのファースト
フードだ。この偽りの
平等感のシンボルこそ
マクドナルドの「ゴール
デンアーチ」だね

Ⅳ 1940年にもともとバーベキューレストランとして創業したマクドナルドは、現
在118カ国で毎日6800万人の客を相手にしている。マクドナルドに勝るアメリ
カ資本主義の**シンボル**はない。

❶ A Most Imperfect Union: 定冠詞や所有格ではなく不定冠詞が用いられていることから、この most は「最も」ではなく「とても、大変」。例：*Because* is a **most** interesting word.（[学術書] R. M. W. Dixon, *English Prepositions*）「because はなんとも興味深い単語である」。「寸法・速さなどを客観的に述べる表現には使えない：a very [× most] tall woman とても背の高い女性」（『ウィズダム』s.v. *most*）。

❷ G.C.!: "Good Condition" の略だと思われる。オークションサイトなどで頻繁に使われる略語で、「状態よし」（ちなみに「新品同様」は mint condition）。ここでは、Speedee（次の注を参照）関連の懐かしのグッズがオークションでよく取引されていることを踏まえたユーモアになっている。フォントというかタッチが違うのは、「落書き」という感じで、これまたユーモア感の演出に一役買っている。

❸ Speedee: マクドナルドハンバーガーの最初のマスコット。1967 年に登場した現在のマスコットである黄色い服を着たピエロ Ronald McDonald より古いのは言わずもがな、1962 年から使われている Golden Arches（次頁注❻）より前から看板に使われていた。

❹ Conformity also: conformity は「遵奉」や「体制順応」などの訳語が当てられるが（『リーダーズ』）、*LDOCE* の説明を引けば behaviour that obeys the accepted rules of society or a group, and is the same as that of most other people（社会や集団で容認されたルールに従うふるまい。ほか多くの人々と同じふるまい）。一般的なルールを「遵奉」した結果、個性が消えて画一化される（≒「体制順応」する）というのが本文でのポイント。ここで also が入っているのは、*A Most Imperfect Union* の途中から本書に所収したためで、収録しなかった直前部には、中流階級の暮らしが画一化され、みんな同じような家に住むという例が挙げられている。

❺ [X take hold]:「X が支配的になる、根付く、定着する」。例：new ideas that have recently taken hold in the fashion industry (*MWALED*, s.v. ^{2}*hold*)「最

近ファッション業界を席巻している新しいスタイル」。X が支配力を持っているというニュアンスを伴うため、この言い回しを聞いたり使ったりするときに脳内で「物理的に握る(ことにより対象の動きを支配する)」の hold の知識も同時に活性化する、という話者もいるかもしれない。

❻ Golden Arches:「(商標) ゴールデンアーチ《マクドナルドハンバーガーチェーンのシンボル看板》」(『オーレックス』s.v. golden)。

❼ that false sense of equality: [a false sense of X] はよくある言い回しで、「誤って見出された X の感じ、本当はそんな感覚を抱くのは間違いなのに抱いてしまう X の感覚」の意。特に高頻度なのは [a false sense of security]。例: Wearing helmets gave cyclists **a false sense of security** and encouraged them to take risks. (*COBUILD*, s.v. *security*)「自転車の利用者はヘルメットをかぶっていることで油断し、かえって危険なことをするようになってしまった」。

❽ Founded in 1940 as …, McDonald's now operates ~: [組織 be founded]「〈組織〉が設立される」は、今回のように、文頭で分詞構文で用いられ、[Founded in {年代／年号}, 組織＋現在○○である]「{年代／年号}に設立された〈組織〉は、現在○○である」という言い回しを構成することが非常に多い。例: **Founded in 1935 in Ohio, Alcoholics Anonymous is now a world-wide organization.** (*LDOCE*, s.v. *found*)「1935 年にオハイオで結成されたアルコール依存症者更生会は、今や世界規模で活動している組織である」。また、前置詞 as「…として」も、今回のように開始当初、誕生当時どうだったのかを述べる（そしてそれを明示的ないし暗示的に現在と対比する）という場合に（も）頻繁に用いられる。例: Oh, here's a fun fact. *Ketchup* started out **as** a general term for sauce, typically made of … ([ドラマ] *The Big Bang Theory*, S3E17)「そうだ、トリビアを教えてあげる。「ケチャップ」って、元々はソースを広く指す言葉だったんだよ。典型的な材料は…」。

V THAT'S WHY SO MANY

PEOPLE HATE IT!

MCDONALD'S ISN'T JUST

❶AN EMBLEM OF AMERICAN

IMPERIALISM—IT ALSO

PROVIDES ❷A MISERABLE

DIET!

VI I THINK THEIR FOOD'S GREAT! ❸COULD SOMEONE ❹ORDER ME A BIG

MAC?

VII ❺COMING RIGHT UP!

* * *

V だからマクドナルド

が嫌いな人間も多い！

アメリカ帝国主義の

象徴ってだけじゃない。

出してくる飯もひどい

と来てる！

VI 美味いと思うけど！

誰かビッグマック頼む！

VII はいお待ち！

❶ [an emblem of X]:「Xを象徴的に示すもの」。例：The dove is **an emblem of** peace. (*OALD*, s.v. *emblem*)「鳩は平和の象徴だ」。

❷ [a ... diet]:「（健康や体重などに注目した文脈で）…な食事、食生活」。例：At the time, she was thirty-six years old, she exercised regularly, and she followed **a** reasonably healthy **diet**. ([小説] Nicholas Sparks, *The Wish*)「当時36歳。定期的に運動をしていたし、食生活もそれなりに健康的だった」。

❸ [Could someone do...]: 誰でもいいのでその場にいる誰かに軽いお願い事をしたい、というときの定型表現。例：**Could someone** call a cab (for me)?「誰かタクシー呼んでもらってもいい？」

❹ order me a Big Mac:「僕のためにビッグマックを注文する」。いわゆる SVOO は意外と使える幅が広い。たとえば上の注❸の例文は Could someone call me a cab? とも言える（ちなみに「私のことをタクシーって呼んで」という SVOC 解釈も可能になるので、ダブルミーニング・ジョークの定番ネタになっている）。

❺ [Coming right up!]: [Coming up!] は、何かを依頼・要求されたのに対して、「お求めの品がやってきますよ！」つまり「その依頼・要求に応えます！」とテンポ良く返答する表現。今回の本文のように right を挟んでオペレーションのスムーズさ、品物がスッと出てきますよという感じを強く出すことも多い（right については7章「文法解説」pp.209–217 を参照）。また、coming (right) up の前に注文の品を（つまり何がやってくるのかを）言う場合もある。例：One cup of tea **coming right up**. ([ドラマ]*Star Trek: Voyager,* S6E11)「紅茶1杯、ただいま」。

I IN 1955, WALT DISNEY OPENED
THE **DISNEYLAND** THEME PARK IN
❶ANAHEIM, CALIFORNIA. ❷IN MANY WAYS,
DISNEYLAND IS ❸A MICROCOSM OF
❹1950S AMERICA. IT'S A PLACE WHERE
DREAMS COME TRUE. EVERYTHING IS
❺PLASTIC IN THIS AMERICAN FANTASY
WORLD—EVERYTHING IS SWEET,
AND ❻EVERYTHING IS SMILES.

* * *

I 1955 年にはウォルト・ディズニー
がカリフォルニア州アナハイムに
ディズニーランドを開園した。
このテーマパークは色んな点で
1950 年代のアメリカの縮図になってる。
夢が叶う場所だし、このアメリカの幻想
の世界は何もかもが見せかけだ。
全てがスウィート。全てが笑顔

❶ Anaheim, California: 「カリフォルニア州アナハイム」。この構造については p.22 注❸を参照。

❷ In many ways: [In many ways, SV] 「色々な意味で SV だと言える、様々な点において SV だ」。類例：Borum blamed me for his life turning to shit. **In a way**, he was right. （[短編小説]Richard Helms, "See Humble and Die"）「ボーラムに、人生がクソみたいになったのはお前のせいだ、と言われた。まあ、<u>ある意味</u>あたっていた」。

❸ [a microcosm of X]: 「X の縮図」の意のフレーズ。例：The family is **a microcosm of** society. (*OALD*, s.v. *microcosm*)「家族というのは社会の縮図なのだ」。

❹ 1950s America: [年代＋国名] で「○○年代の〈国〉」の意味を表すパターン。→「文法解説」

❺ plastic: ここでは「人工的で、表面だけ美しく／立派に整えたような」の意。慣習的な言い方には [plastic food]「人工的な味のする食べ物」、[a plastic smile]「作られた笑顔」（[a forced smile] とほぼ同義でどちらを使ってもよい場合も多いが、作り物というニュアンスを強めたいときは plastic を、無理しているという感じを前面に出したいときは forced を使うようにするとよい）などがある。[plastic surgery]「整形手術」の plastic もこれと関連（整形手術を表す別の表現については p.134 を参照）。

❻ everything is smiles: smile が複数形になっているのは、人間の話をしているわけではないとはいえ［人 is all smiles]「（先ほどまでの心配ぶりなどが一変して）満面に笑みをたたえている」（『ウィズダム』s.v. *smile*）という高頻度フレーズの知識が著者（ら）の脳内でうっすら活性化したからかもしれない（all と every の類似もその活性化の引き金となりうるだろう）。例：Twelve hours later she **was all smiles** again. (*OALD*, s.v. *smile*)「半日もすると、彼女はまたニコニコしていた」。

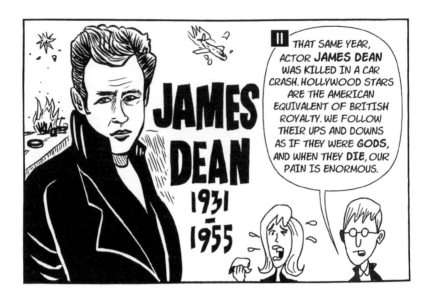

■ THAT SAME YEAR,
ACTOR **JAMES DEAN**
WAS KILLED IN A CAR
CRASH. HOLLYWOOD STARS
ARE ❶THE AMERICAN
EQUIVALENT OF BRITISH
ROYALTY. WE FOLLOW
THEIR UPS AND DOWNS
AS IF THEY WERE **GODS**,
AND WHEN THEY **DIE**, OUR
PAIN IS ENORMOUS.

＊
＊
＊

■ 同じく 1955 年、
俳優のジェームズ・
ディーンが自動車事故
で死んだ。アメリカじゃ
ハリウッドスターは
英国での王室みたいに
ほとんど神様扱いされてる。
その浮き沈みをみんなが
追いかけ、死んだとなれば
心から苦しむ

❶ the American equivalent of British royalty: [the equivalent of x] は、以下の図に示したように、領域 A に属する要素 a と領域 X に属する要素 x の間の対応関係を喚起しつつ、要素 a を指す表現。たとえば **the** modern **equivalent of the Roman baths** (*OALD*, s.v. *equivalent*)「古代ローマの公衆浴場の現代版」は、現代という領域 A に属する要素 a と、古代ローマという領域 X に属する公衆浴場という要素 x の間の対応関係を喚起しつつ、要素 a を指している。the American equivalent of British royalty では、領域 A はアメリカ、領域 X はイギリス、要素 x は王室。「イギリスで言うところの王室のアメリカ版」ということ。

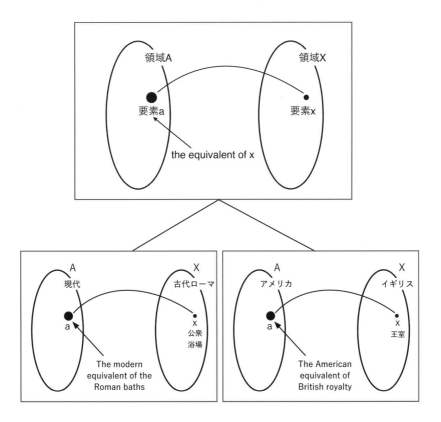

II

DURING A TRIP TO EUROPE IN 1956, RUTH HANDLER BOUGHT THREE GERMAN DOLLS—ONE FOR HER DAUGHTER, BARBARA, AND TWO FOR HER HUSBAND, ELLIOT, THE COFOUNDER OF THE MATTELL TOY COMPANY. RUTH ADMIRED THE GERMAN DOLL'S **ADULT BODY, SVELTE PHYSIQUE,** AND **FASHIONABLE WARDROBE,** AND ENCOURAGED ELLIOT TO CREATE AN AMERICAN DOLL WITH THE SAME AESTHETIC. NAMED AFTER RUTH'S DAUGHTER, **BARBIE DOLLS** MADE THEIR FIRST APPEARANCE IN MARCH 1959 AND WENT ON TO ACHIEVE GREAT SUCCESS. THEY NOT ONLY REDEFINED THE NATURE OF DOLLS, BUT ALSO HELPED SHAPE THE NATION'S STANDARDS OF BEAUTY AND THE WAY AMERICAN GIRLS LOOK AT THEIR BODIES. UNLUCKILY FOR THEM, THE BARBIE DOLL IS NOT PROPORTIONAL TO ANY REAL-LIVE WOMAN'S BODY.

I

❶DID YOU KNOW MY FULL NAME IS BARBARA MILLICENT ROBERTS?

I

知ってた？
私のフルネームは
バーバラ・ミリセント・
ロバーツなの

*
*
*

▥ DURING A TRIP TO EUROPE IN 1956, RUTH HANDLER BOUGHT THREE GERMAN DOLLS—ONE FOR HER DAUGHTER, BARBARA, AND TWO FOR HER HUSBAND, ELLIOT, THE COFOUNDER OF THE MATTELL TOY COMPANY. RUTH ADMIRED THE GERMAN DOLL'S **ADULT BODY**, **❷SVELTE ❸PHYSIQUE**, AND **FASHIONABLE ❹WARDROBE**, AND ENCOURAGED ELLIOT TO CREATE AN AMERICAN DOLL WITH THE SAME **❺AESTHETIC**. NAMED AFTER RUTH'S DAUGHTER, **BARBIE DOLLS ❻**MADE THEIR FIRST APPEARANCE **❼**IN MARCH 1959 AND **❽**WENT ON TO ACHIEVE GREAT SUCCESS. THEY NOT ONLY REDEFINED THE NATURE OF DOLLS, BUT ALSO **❾**HELPED SHAPE THE NATION'S STANDARDS OF BEAUTY AND THE WAY AMERICAN GIRLS LOOK AT THEIR BODIES. **❿**UNLUCKILY FOR THEM, THE BARBIE DOLL IS NOT **⓫**PROPORTIONAL TO ANY **⓬**REAL-LIVE WOMAN'S BODY.

*
*
*

▥ 1956 年、ヨーロッパを旅行していたルース・ハンドラーはドイツの人形を 3 体買った。1 体は娘バーバラに、残る 2 体は、夫にして玩具会社マテルの共同創業者のひとりエリオットのためだ。ルースはこの人形の**細身な大人の身体と数々の流行の衣裳**に感動し、同様の特徴を誇るアメリカ版の人形を作ろうとエリオットに訴えた。娘にちなんでバービー人形と名づけられ 1959 年 3 月にデビュー、大成功への最初の一歩を踏み出した。バービー人形は人形の性質を定義し直したのみならず、アメリカの美の基準を形づくる一因ともなり、さらにアメリカの少女たちが自分の身体を見る視線さえ規定した。少女らにとっての不幸は、バービー人形と生身の女性の体型とは一致しないことだ

❶ [Did you know (that) SV?]:「SV だって知ってた？」多くの場合、この言い方には、「SV だということを発話時よりも前の時点で知っていたかどうかを質問したい」という発話意図よりも、「SV というびっくり情報を相手に教えてあげたい」という発話意図の方が強く感じられる。この発話意図の影響か、その「びっくり情報」が発話時においても成り立つものである場合には SV に「時制の一致」（と巷で呼ばれている現象）が起こらず、現在時制が用いられることが多い。[Did you know (that)] 全体が、びっくり情報伝達のための副詞的なマーカーのような地位を獲得していると考えてもあながち間違いではない（p.90 注❷も参照）。例１：**Did you know** I'm getting a new job? (Swan 2016: §4.36)「知ってた？　私ね、再就職するんだ」。例２：（語り手がロックバンド The Rolling Stones のギタリストについての豆知識を披露して）[...] **did you know** that Keith Richards takes off his low E string to play guitar? (［小説］Jodi Picoult and Jennifer Finney Boylan, *Mad Honey*)［…］「知ってた？　キース・リチャーズって低い E の弦外してギター弾いてるんだよ」。

❷ svelte: /svɛlt/「〈特に 女性が〉ほっそりした、すらっとした (slender)」(『リーダーズ』s.v. *svelte*)。

❸ physique:「体格」。発音は /fɪzíːk/。-ique というスペリングで /-iːk/ と発音する語には他に technique や unique がある。pique「（ひどい扱いを受けたという）苛立ち、怒り」も。→「本文解説」

❹ wardrobe:「持ち衣装、クローゼットに入っている洋服一式」。

❺ aesthetic: aesthetic を不可算名詞として使って、ある作品が持つ美的な諸特徴、諸側面をまとめて指す用法。例：The students debated the **aesthetic** of the poems. (*OALD*, s.v. *aesthetic*)「学生たちはそれらの詩が持つ美的側面について議論を交わした」。今回の an American doll with the same aesthetic は「（ドイツの人形と）同じ美的特徴を持つアメリカの人形」。

❻ [make one's first appearance]:「初お目見えする、公の舞台に初めて現れる」。例：The Dutch player will **make his first appearance** for Liverpool this Saturday. (*OALD*, s.v. *appearance*)「このオランダ人選手は今度の土曜、リバプールに所属して初めての試合出場を迎える」。

❼ in March 1959: [in ＋月名＋年号] は多くの学習者にとって「見たらわかるけれど自分では書けない」というタイプの表現かもしれない。例：**In November 2013**, I called him up and said, "Mr. Trump, I'm going to [...]"（［インタビュー］Allen Salkin and Aaron Short, *The Method to the Madness*)「2013 年の 11 月に私は彼に電話してこう言いました。「トランプさん、私はこれから［…］」。

❽ went on to achieve great success: [go on to do ...] は「そのあと…する」の意。それまでの状態や行為から変化しているときに使う。例：(Kazuo Ishiguro

が「人は基本的に何らかの意味で執事なのだ」という過去の発言について説明している）There are some exceptions. Some people **go on to** be perhaps presidents or prime ministers of countries or they have very powerful positions, but most people, and I include myself . . . what we do is we learn to do our jobs well.「むろん例外はあります。一国の大統領や首相になったり、大きな権力を持つ地位に就いたりする人もいる。でも大半の人間は、これは私自身も含めて言っているのですが、要するに何をしているかというと、自分の仕事をきちんと果たすよう学んでいくのだと思います」（柴田元幸（編・訳）『ナイン・インタビューズ』）。

❾ helped shape … : helped <u>to</u> shape … というように to を入れてもよい。この [help (to) do …] という言い方は、主語が部分的な原因・理由となって do … で描かれている事態が起こることを表す。今回は主語の They つまり Barbie dolls が部分的な原因・理由となり、the nation's standards of beauty と the way American girls look at their bodies が形成されたということ。例：The money will go towards a new school building (= will **help pay** for it).(*OALD*, s.v. *towards*)「このお金は新たに校舎を建てるのに使わせていただきます（＝その足しにさせていただきます）」。「部分的」というポイントをおさえると「足しにする」という訳が浮かんでくる。

❿ Unluckily for them:「{幸運／不幸} なことに」を表す副詞を文頭に持ってきた場合、誰にとって不幸なのかを（言わなくてもわかるような状況でも）for 句で補足するということがよくある。例：（辞書編集者の筆者が大学生のときは医者になりたいと思っていたのだが…）<u>Fortunately **for**</u> my future patients, I didn't survive organic chemistry […]（[エッセイ] Kory Stamper, *Word by Word*）「私の未来の患者たちにとってはラッキーなことに、私は有機化学の単位を落とした […]」。

⓫ proportional to … : [X is proportional to Y] は、X が Y に連動して変わる、X の値が Y の値によって決まるということ。例：Salary **is proportional to** years of experience. (*OALD*, s.v. *proportional*)「給料は経験年数で決まります」。考えてみれば、[人間 X dance to 音楽 Y]「人間 X が音楽 Y に合わせて踊る」でも、音楽 Y のテンポが急に変わったら人間 X の動きのテンポも変わることになるので、to のこの 2 つの用法の間にリンクを見出している母語話者もひょっとしたらいるかもしれない。

⓬ real-live: 発音は /ríːəl láɪv/。[a real live X]「本物の生きた X」。

翻訳の視点から

☞ 漫画ならではの事情

　たいていの漫画の翻訳では特殊な制約が発生する。原文の代わりに訳文を印刷して刊行するのだから、訳文を吹き出し（speech bubble）に収めるという制約だ。厳密に言えば、本作の最後のバービー人形に関する記述のような、吹き出しではない箇所の文字列も存在するが、いずれにせよ基本的には該当の英文があったスペースに収まる訳文を作成しなければならない[1]。「254ページの英語の小説は254ページの日本語にしなければならない」といったルールはふつう存在しないので[2]、漫画ならではの事情と言っていいだろう。

　私（今井）は以前、ヴィレッジブックスからの依頼で、マーベル・コミックスやDCコミックスなど、いわゆるアメコミを翻訳していた。その時に編集者からは、「原文マイナス1行」を原則にお願いしたいと頼まれていた。もちろん例外はあり、例えば原文が1行であればマイナス1行＝0行となって何も書けないし、大きな吹き出しにゆったり英語が書かれていればスペー

1　この制約がない漫画の翻訳なんてあるのか、と思われるかもしれないが、たとえばSnoopyで知られる*Peanuts*の邦訳の多くは、英語原文を残し、コマの外に日本語訳を配するという対訳形式になっている。これは、作者Charles M. Schulzが自分で文字も書いているのが最大の理由だろう（本章の「本文解説」も参照）。また、対訳ゆえの教育的価値、つまり原文が残っていることで英語教育に資するという利点が認められているとも思われる。しかし、もし*Peanuts*が英語以外で書かれていても同様の措置がとられただろうか？　ほとんどの日本人が文字すら読めない韓国語やアラビア語でも対訳だったろうか？　などと問うてみると（韓国語でもアラビア語でも教育的価値は十二分にあるはずだ）、日本における英語の位置づけが浮かび上がってくる（→4章「本文解説」）。

2　何事にも例外はあるもので、たとえば原文とレイアウトを揃える必要がある場合（その理由は、美的・文学的な場合もあれば、種々の契約による場合もあるだろう）、小説の類でも、決められたスペースに収めるという制約が発生する。私自身は経験がないが、絵本などでは少なからず発生するだろう。少し話は変わるが、もっと実務的なレベルで言えば、「訳文が数文字だけページからはみ出してしまうので減らせないか」という打診は時々発生する。

スに余裕があるので、理屈としては行数が増えても問題はない。だが、こうした事態は本当に例外で、ほとんど余白なしに、吹き出しいっぱいに英文が掲載されているのが通例だった。同じスペースに、困難なく読める大きさで漢字も印刷することを思えば、「マイナス 1 行」という原則は十分納得できるルールであった。本書に所収した *A Most Imperfect Union* も例外ではないだろう。というわけで、拙訳も「マイナス 1 行」ルールで訳している。

　英語から日本語に訳す場合、一般論として、原文より長くなりがちだと言われる。厳密なメカニズムはよくわからないが——言語的な性質なのか、組み版など物理的な出版事情の問題なのか——実際、英語原書よりページ数が少ない邦訳書というのはまず見かけない。その意味では「マイナス 1 行」という、原文より短縮を求められる邦訳は不可能にも感じられる。一方、文字数という視点で考えると、希望の光が見えてくる。2017 年に Twitter 社（当時）は、日本語ツイートは英語より短い傾向にある、現に、同じ内容を伝えるのに日本語は英語より少ない字数で済むという調査結果から、文字数の上限を日中韓以外の言語では 280 字に倍増させた[3]。脚注 3 のウェブサイトに掲載されているこの調査結果のデータを行数の観点から見ると、英語で 140 文字 = 4 行いっぱいの内容が、日本語では 67 文字 = 3 行プラス 4 文字となっているので、4 文字削れば「マイナス 1 行」が実現できることになる。

　ちなみに、厳しい字数制限がある翻訳と聞くと、映画の字幕翻訳を想像される方も多いだろう。私は字幕翻訳の経験はないのだが、一般的に日本語の映画字幕は「1 秒 4 文字、1 行 13 文字、1 画面 2 行（6.5 秒・26 文字）まで」が原則らしい[4]。動画で講演を公開している TED では、「映画のように映像を見る時間を確保する必要性は低い」という理由から「1 秒 10 文字まで」と

3　https://blog.twitter.com/official/ja_jp/topics/product/2017/Cramming-Experiment.html. なお Twitter（現 X）が文字数を基準にしているのはバイト数の関係らしいが、そもそも英文の「長さ」を文字数で表現できるのか、という問題がある。日本語の場合は文字数が一般的な指標だが、それに相当する英語の指標は単語数だろう。

4　たとえば、日本コンベンションサービスの Web サイト「質の高い字幕翻訳を作るコツとは？基本ルールや技法も紹介！」を参照。

いう原則で、文字数だけで言えば映画の2倍以上の情報を詰め込める[5]。逆に言えば、映画字幕がいかに厳しい制約で作成されているかが窺える。この条件下では、早口でまくし立てる——つまり、字幕に使える時間が短い＝文字数が少ないのに大量のことばを発する——キャラクターの翻訳は、困難をきわめるだろう[6]。それでも見事な字幕翻訳（pp.42-43注❻参照）がたくさんあって映画を楽しませてもらえるのだから頭が上がらない。

　話を漫画に戻しつつ、もっと具体的・実践的に書けば、「マイナス1行」というルールは（意外と）十分可能であるものの、無駄を省き、なるべく短くするという工夫をかなり徹底する必要がある。拙訳でも色々と工夫したのでぜひ確認・考察してみてほしいが、いくつか紹介しておこう。

　まず、簡単な例から始めると、小説であれば一人称として「ぼく」や「わたし」といったひらがな表記も選択肢に入るが、漫画の主要キャラクターの場合、文字数の観点からほぼ自動的に排除される。本作の拙訳でも、バービーの一人称は迷わず漢字表記の「私」とした（まあ、今回の彼女の台詞は短い1度だけだから「わたし」も可能だが）。あるいは2コマ目にある "Could someone order me a Big Mac?" は、「誰か僕にビッグマックを注文してくれないか？」（21文字）が「直訳」だろうが、必要最小限の要素に削って「誰かビッグマック頼む！」（11文字）と圧縮している。

　もう少し長い例としては、ディズニーランドに関するコマの冒頭2文を見てほしい（p.116）。ここを文意のみ「非漫画訳」すると、次のようになる。

5　Web サイト「TED 日本語字幕の表記ガイドライン」より引用・参照。

6　この点、吹き替えの翻訳は、ことば数の再現という面では字幕より制約が緩む。一方、口の動きや声優の発話しやすさなどが関連してくるので、別の難しさがある（らしい）。ついでに言えば、特にハリウッド大作の全世界同時上映の場合、そもそも英語版オリジナルが編集中＝未完成の段階から日本語版吹き替えが同時進行で作業される場合も多いようで、ということは全体像が不明の段階から日本語訳を作成する必要に迫られることになり、さらに別種の困難が生じる（これに関しては字幕でも同じはずだ）。私は映画業界にはまったく無関係だし、誤訳はよくないことだと思うが、映画の「誤訳」を見つけては鬼の首を取ったように話すひとには、こうした事情も勘案して欲しいと感じるのである。

1955 年、ウォルト・ディズニーはカリフォルニア州アナハイムにディズニーランドというテーマパークを開いた。多くの点でディズニーランドは、1950 年代のアメリカの縮図だ。(78 字)

漫画用の訳文も再掲しよう。

1955 年にはウォルト・ディズニー
がカリフォルニア州アナハイムに
ディズニーランドを開園した。
このテーマパークは色んな点で
1950 年代のアメリカの縮図になってる。(74 字)

　ここでは「ディズニーランド」という 8 文字の反復を避けるため、「テーマパーク」という語の位置をズラして訳している [7]。これで字数を稼げた分、「1955 年**には**」として前ページとのつながりを滑らかにしたり、あえて「なってる」という末尾にして喋っている台詞という感じを出したりしている（つもりである）。ついでながら、なるべく意味の切れ目で改行を入れることで、読みやすさを担保しようとした。
　続くジェームズ・ディーンに関する記述の 2 文目以降も、非漫画訳と漫画訳を並べてみよう。

7　カタカナ語は文字数を食うわりに内容が少ないので、漫画翻訳では強敵である。アメコミを訳していたころ、「スパイダーセンス」（8 字）といった「カタカナ専門用語」が出てくると、削りようがないので半ば怒りを覚えていたものである。あるいは、「アイアンマン」（6 字）や「ブラックパンサー」（8 字）、果ては「ファンタスティックフォー」（12 字！）といったキャラクター名での呼びかけは極力省いた。この辺りは、漫画は絵があるので、誰に呼びかけているか視覚的にわかるだろうという計算もある。とはいえ、こうしたものを訳出しなければならないときは、気合いではかの要素を短くしたり、カタカナは漢字より読みやすいのでフォントを落として日本語の行数を増やしたり、「FF」（＝ファンタスティックフォー）といった略語を用いて対応したりする。

アメリカにおけるハリウッドスターは、英国の王室に相当する。まるで
スターは神様であるかのごとく、我々は彼らの浮き沈みを追いかけ、死
んだとあらば、我々の苦痛も甚大だ。(81字)

アメリカじゃ
ハリウッドスターは
英国での王室みたいに
ほとんど神様扱いされてる。
その浮き沈みをみんなが
追いかけ、死んだとなれば
心から苦しむ (67字)

　ここでは as if they were Gods の位置をズラして字数を削減し、ついでに、
「アメリカにおけるハリウッドスター」と「英国における王室」とがどんな
対応関係にあるのか、恐らくピンと来にくい日本人読者のために（というか、
私はピンと来なかったので）、なるべく早くわかるようにしている。また、
やはり意味の切れ目で改行することで、読点を最小限に抑えている（全台詞
の最後に句点がないのも同様の理由）。

　なお、「浮き沈み」と訳した their ups and downs を「盛衰」とすればさ
らに2文字削減できるが、原文がとても簡単な表現であるし、あくまで台詞
（喋りことば）だということを重んじて、そこまで削りはしなかった。「無駄
を省き、なるべく短くする」ことは至上目標と言ってもいいが、それがあま
りに自己目的化して、「文意に影響がなければ全て無駄だ」となっては元も
子もないだろう[8]。削れるところを削ることで、たとえばキャラクターそれぞ
れの口調なり文体なりを作るための余裕ができればしめたもの、ぜひ有効活
用したい。こう考えると、漫画は吹き出しという視覚的な「制約」があるた

　8　これは第3章の「本文解説」における反復の話とも関連する。

め字数削減への意識が通常以上に研ぎ澄まされるが、冗長な訳文が喜ばれることなんて漫画に限らないのだから、長々述べてきた「漫画ならではの事情」は——改行の工夫を除けば——漫画が「普通の翻訳」とまったく異なるがゆえに特殊な例外になっているわけではなく、「普通の翻訳」の原則が延長・強化されているに過ぎないと言える。

文法解説〜英語をさらに深く理解する

☞ テキトーな複合語、慣習的な複合語 ————————— p.117 注❹

　私（平沢）は言語学や英語の授業で、学生たちに次のような活動をやってもらうことがある。まず、一人ひとりに白紙の単語カードのようなものをたくさん渡す。そして、Yahoo! ニュースや Twitter（現 X）などを見ながら日本語の名詞を自由に選んでもらい、どんどん書き出してもらう。そのあと学生たちにペアになって座ってもらい、各人に私の「せーの」の合図に合わせて、（トランプで持ち札のどれかを出すように）手持ちの名詞カードの1枚を出してもらう。机の上には2枚のテキトーに選ばれた名詞が並ぶことになる。片方の名詞を X、もう片方を Y としよう。

　そこで私は指示する。「日本語の「X の Y」という表現が自然になる状況や文脈を考えてみましょう！」

　「お父さんの手袋」や「学校の水」のような普通の表現が出来上がる場合もあるが、ある机では「ビネガーソースのソファー」、またある机では「作曲の岩」といった感じで、基本的にカオスになる。こうした表現を自然にするコンテクストがないか考えてもらうわけだ。

　メチャクチャなようでいて、これが案外思い浮かぶのである。「ビネガーソースのソファー」であれば、ケチャップの染みが残ってしまっているソファーと、ビネガーソースの染みが残っているソファーがあるとして、その

うちの後者を指すなら自然だろう。「ビネガーソースのソファー、いい加減捨てようよ、母さん」。「作曲の岩」はどうだろう。ある国に、有名な作曲家が座っていくつもの名曲を生み出したとされる岩があり、それがパワースポットのような地位を得ているとして、その国を旅行をして帰ってきたところだという知人のミュージシャンに向かって「作曲の岩、ちゃんと触っといた？」と尋ねるとか。

日本語の「AのB」という言い方は実にテキトーなもので、AとBの関係が発話状況や文脈、常識に照らして理解可能であれば、Aと関係付けて理解されうるおよそありとあらゆるものを「AのB」というかたちで表現できるのである。いかにも日本語的だ、と言いたくなるかもしれない。

そんなことはない[1]。英語にも同じくらいテキトーな表現方法がある。それは［名詞＋名詞］の複合語だ。

そのテキトーさが持つパワーをノーベル賞作家 Kazuo Ishiguro の短編で味わってみよう。まずはお膳立て。

(1) **[状況説明]** 語り手 Steve（ミュージシャン）は、ホテルで隣の部屋に泊まっている有名人 Lindy Gardner に、チェスをしようと誘われる。

'Steve, do you play chess? I'm the world's worst chess player, but I've got the cutest chess set. Meg Ryan brought it in for me last week.'

（［短編小説］Kazuo Ishiguro, "Nocturne"）

「スティーブってチェスはやるの？　私ほんとに下手だけど、すごくかわいいチェスセットを持ってるの。メグ・ライアンが先週持ってきてくれたものなのよ」

これを踏まえて、次のやりとりを見てほしい。

(2) **[状況説明]** Steve は Lindy にチェスに誘われたことについてマネージャー

1　日本語は暗示的で英語は明示的だという都市伝説に対する否定については、平沢（2021a）も参照されたい。

に電話で愚痴る。

'[...] **Her Meg Ryan chess set** for God's sake!'

'**Meg Ryan chess set**? How does that work?[2] Every piece looks like Meg?'

（［短編小説］Kazuo Ishiguro, "Nocturne"）

「［…］メグ・ライアンのチェスセットとかいってさあ、勘弁してくれよって感じだよ！」
「メグ・ライアンのチェスセット？　それ、どんなもの？　駒が全部メグの形してるとか？」

Steve は Meg Ryan chess set という複合語を使っている。このとき Steve としては、Meg Ryan と chess set の間の関係として、「Meg Ryan がその chess set を持ってきた」という関係を想定している。しかしこの関係は詳しい事情を知らないマネージャーからしたら復元のしようがない。いきなり Meg Ryan chess set と言われても、Meg Ryan と chess set の間にどのような関係が想定されているのかは、推測するしかない。それで Every piece looks like Meg?「駒が全部メグの形してるとか？」と言ってしまうのである。このやりとりは Kazuo Ishiguro が英語の複合語のテキトーさを巧みに利用して編み出したものと言える。

　もう 1 つ、英語の複合語のテキトーさのパワーがよくわかる例を挙げたい。一部、発音記号の表記により読みにくくなっているが、文脈上仕方のないこととしてお許しいただきたい。

(3) ［**状況説明**］Endora はファッションデザイナーの Terry がファッションに関して無知である（ポリエステルすら知らない）ことを証明しようとしている。

Endora:　　Now, I would like your opinion about the new /pɑːliɛstər/ **fabrics**. Or don't you care for her designs?

2　How does that work? については 3 章の「文法解説」を参照。

Terry:	Oh, uh, I think /pɑːliɛstər/ is as good as the next designer.[3]

（［ドラマ］*Bewitched*, S3E26）

エンドーラ：	ポリエステルの布地についてどう思われますか。彼女のデザインは気に入らないですか。
テリー：	あ、えっと、ポリエステルは月並みなデザイナーだと思います。

　もちろん polyester という語を知っている人は、/pɑːliɛstər/ fabrics と聞いて、「polyester という素材が用いられている布地」の意と理解する。そして、her designs という表現を聞いて、「ん？　her って誰？」と疑問に思うはずである。しかし、polyester という語を知らない人は、/pɑːliɛstər/ がわからないので、/pɑːliɛstər/ と fabrics の間の関係もわからないことになる。そんな中、her designs と来ると、「ああ、そうか！　/pɑːliɛstər/ というのは女性の名前だったのか！」と理解してしまうことになる。Terry は「/pɑːliɛstər/ は月並みなデザイナーだと思います」と答えているので、Polly Esther という女性デザイナーがいるのだと思っていること、polyester という素材を知らないことがバレてしまっている。Endora の巧みなことばの罠にまんまとハマってしまったわけだ[4]。このことばの罠は、polyester という素材を使った fabrics も、Polly Esther という女性デザイナーが利用している fabrics も、名詞の直結で /pɑːliɛstər/ fabrics と表現できるからこそ機能する。またしても、英語の複合語のテキトーさが利用されているわけだ。

　ここで注意。たしかに、英語の［名詞＋名詞］の複合語は、日本語の「X の Y」と同じように、およそなんでも表現できるテキトーパワーを持っているが、だからといって、英語母語話者が［名詞＋名詞］の複合語を使うときにはいつでもそのテキトーパワーを利用しているというわけではない。外国語の英語で考えると難しいかもしれないので、まずは日本語で考えてみよう。

　冒頭で見たように、日本語の「X の Y」はテキトーパワーを持つ。しかし、

3　[X is as good as the next Y] は「X は月並みな Y だ」の意のイディオム。
4　「罠にまんまとハマる」を英語でどう表現したらよいか気になる場合は p.216(7)(8) へ。

校長先生の所有物であるポルシェを指して「校長先生のポルシェ」と言う場合には、「〈人間〉の〈所有物〉」という言い方をよくするという比較的具体性の高い知識を利用しているだろうし、コンビニのお菓子の商品名として「果物屋さんのみかんタルト」を考えついた人は「〈個人経営の飲食店〉の〈飲食物〉」という表現で潜在的購入者の期待や信頼を得ようとするパターンの知識（共同研究者の野中大輔氏の例を借りれば「お肉屋さんのコロッケ」などの知識）を利用しているだろう。具体的なパターンの知識が脳内に定着している場合にはまさにその具体的なパターンの知識を使っているのであって、「XのY」という抽象的な構造が持つテキトーパワーは（少なくとも直接的には）活用されていないのである。

　これと同じように、英語の［名詞＋名詞］の複合語にも、よくあるパターンというものが存在する。そしてそうした高頻度パターンを口にする英語母語話者は、［名詞＋名詞］のテキトーパワーを利用しているというよりも、もっと具体的なパターンを記憶から取り出して使っていると考えるのが妥当である。以下、いくつか具体的なパターンを挙げたい。

■ ［X_{アーティスト} concert］「X_{アーティスト}のコンサート」

(4) I was under so many drugs, I felt like I was at a **James Taylor concert** or
    something.　　　　　　　　　　　　（［ドラマ］*The Office*, S8E13）
    あまりにもいろんな薬を入れられて、ジェームス・テイラーのコンサートか何かに来
    てるみたいな気分になってたのよね。

(5) "[...] Things are always way overpriced at concerts, anyway."
    "True," I agreed, not that I knew. I'd only been to one in my entire
    lifetime—a **Michael Jackson concert** with my parents when I was eight.
    　　　　　　　　　　　　　　　　（［小説］Lindsay Faith Rech, *Joyride*）
    「［…］まあコンサートだとものの値段跳ね上がるからね」
    「たしかに」と答えてみたが、それを知っていたわけではない。コンサートなんて人生
    で１回しかいったことがなかった——8歳の頃に両親と一緒に行ったマイケル・ジャ
    クソンのコンサートだ。

■ ［X時刻 Y予約］「X時刻 の Y予約」

(6) I made an **8:00 reservation**. 　　　（［ドラマ］*The Big Bang Theory*, S1E17）
8 時に予約したんだ。

(7) **［状況説明］** 弁護士との面会について。

I had a **two P.M. appointment**. 　　　（［小説］Gillian Flynn, *Gone Girl*）
2 時の予約を取りつけていた。

■ ［X身体部位 job］「X身体部位の整形（手術）」

(8) I didn't get a **nose job**. 　　　（［ドラマ］*The Good Place*, S3E12）
私、鼻イジってなんかいませんけど。

(9) a **face job** by Dr Boris 　　　（［短編小説］Kazuo Ishiguro, "Nocturne"）
ボリス医師による顔の整形手術

■ ［X年号 Y著作物］「X年号 の Y著作物」

(10) His **1996 book** *Graphic Storytelling and Visual Narrative* is also
recommended. 　　　（［マンガ］Scott McCloud, *Making Comics*）
彼の 1996 年の本 *Graphic Storytelling and Visual Narrative* もおすすめだ。

(11) [...] quoted in my **2013 paper**.

（［学術書］Geoffrey Sampson, *The Linguistics Delusion*）
私の 2013 年の論文で引用している ［…］

■ ［X有名人 Y］「X有名人 に特徴的な Y であり、それゆえに X有名人を思い起こさせる Y」[5]

---

5 以前、日本テレビ系情報番組「スッキリ」で、矢沢永吉の真似をしてカメラに向かって「ロックンロール！」と言いながらはけた人について、「永ちゃんはけしてくれました」と表現されていたことがある。「永ちゃんはけ」はまさにこのタイプの「名詞＋名詞」複合語である。

(12) ［状況説明］Tony Starlight というミュージシャンの Facebook 動画に添えられている文言。

I'm working on my **Elvis voice** for my upcoming Hawaiian show on August 14　　　　　(https://www.facebook.com/watch/?v=1781631658730068)

来る 8/14 のハワイアン・ショーに向けてエルビスの声を練習中

(13) ［状況説明］テキサス州からカリフォルニア州に移住してきた Elsa たちが、初めて美容室に入る場面。以下は女性美容師の描写。

Her **Clara Bow lips** were painted a bright French red.

（［小説］Kristin Hannah, *The Four Winds*）

彼女のクララ・ボウのような唇は明るいワインレッドに塗られていた。

　加えて、本書の別の章に登場する［X作り手Y作られるもの］「X作り手 の Y作られるもの」（p.89 注❽）や［XセリフY］「Xセリフと言ってくるような Y」（p.42 注❸）を挙げることもできる。他にも様々なパターンが定着している。

　テキトーに色々言ってみるだけでなく、こうした具体的なパターンを発見し、ニヤッとして、自分でも使ってみる。これを繰り返していくこともまた、［名詞＋名詞］の複合語の習得に欠かすことができない側面である。

本文解説 ｜内容をじっくり考えるヒント

1. 1950-60 年代のアメリカ文化

　本作で描かれる時代より少し後、1960 年代のアメリカは、人々の価値観が大きく揺らいだ時代だったとしばしば言われる。というのも、公民権運動、フェミニズム運動、ベトナム反戦運動などが進展を見せた時代であるからだ。これらの運動は、主流派≒マジョリティに対するマイノリティの運動とまとめることもできる。したがって、「価値観が大きく揺らいだ」ということばにネガティヴな含みを感じるとすれば、それ

は一種の既得権益ゆえの危機感なのかもしれない。

　もう少し具体的に見ていこう[1]。例えば 60 年代のフェミニズム運動では、Betty Friedan が代表格として言及される場合が多い。1963 年の著作 *The Feminine Mystique* では（mystique は「神秘的な崇拝」の意で、p.122 注❸で解説されている -ique 系単語の 1 つ）、女性たちが主婦という役割に押し込められ疲弊している、比喩的に換言すれば、まさにタイトル通り、「女らしさ」なんて「神話」──言ってしまえば、都合のいい捏造──だと告発し、ベストセラーとなった。さらに Friedan は 1966 年に全米女性組織（NOW）を創設、初代会長に就任した。なお、アメリカのフェミニズム運動では中絶禁止撤廃も大きな論点として主張され、NOW の重要な主張ともなったが（2022 年 6 月、連邦最高裁が中絶権を否定したとして日本でも話題になったように、現在進行形の問題である）、アメリカで女性用経口避妊薬──いわゆるピル──が承認されたのも 1960 年である。

　あるいは公民権運動。もちろん、「60 年代」というのは単なる数字の区切りに過ぎず、公民権運動は 1955 年のバス・ボイコット運動などが嚆矢とされる[2]。Martin Luther King Jr. 牧師が全米で知られるようになったのも、このボイコット運動の指導役であったからだ。とはいえ、事態が大きく動き始めたのは 60 年代になってから──特に 63 年 4 月のバーミングハム運動がマスコミに取り上げられてから──と言ってもよいだろう。同年 8 月にはワシントン大行進に 20 万人以上が参加し、King 牧師が "I Have a Dream" の演説を行なった（→ 3 章「本文解説」）。自由のためのこの大行進が可能となった背景には、John F. Kennedy 大統領が公共施設における人種規制を撤廃したことが挙げられる。そんな Kennedy が暗殺されたのは、ワシントン大行進から 3 ヶ月後の 63 年 11 月であった。

　翌 64 年には公民権法が成立、65 年には投票権法も成立し、黒人の権利獲得運動は一定の成果を挙げたが、とはいえ、人種差別がなくなったわけではないことは、現代の Black Lives Matter に言及するまでもなく

1　以下、本項における歴史的出来事の事実レベルでの記述は、亀井ほか（2018）に依拠している。

2　公民権運動の重要な契機として、1954 年、公立学校での人種分離を違憲とした、連邦最高裁のいわゆるブラウン判決もある。この判決に南部が強く反発したこと、また、判決のお蔭で連邦政府が人種問題に介入できるようになったことを背景に、黒人の権利獲得運動が活発化した。

自明である。こうして 60 年代半ばを過ぎても続いていた差別撤廃運動の最中の 1968 年 4 月 4 日、King 牧師は暗殺された。さらにその 2 ヶ月後の 6 月 6 日には、Kennedy 大統領の弟 Robert Kennedy 上院議員も暗殺され、アメリカは公民権運動の卓越した指導者を次々と失った。なお、「過激派」路線の代表格たる Malcolm X も 1965 年に暗殺されている。

こうした指導者の不在が象徴するかのごとく、1960 年代はベトナム戦争が混迷を深めて世論が分断された時代でもある[3]。アメリカがベトナム戦争から撤退する転換点として、68 年のテト攻勢が有名ではあるもの（同年にはソンミ村の虐殺もスクープされ、反戦運動が盛り上がった）、たとえば北爆が始まった 65 年には、ベトナムに駐留する米兵の総数がそれまでの 2 万人から 19 万人に一気に増加、戦死者も 1900 人を超え、すでにベトナム戦争への軍事介入反対運動が激化していた。愛と平和を訴えるヒッピー（hippie）と呼ばれる人々が注目を浴びるようになったのも 63 年頃だという。

このように 60 年代は価値観が大きく揺らいだ時代である。かくして「正解」が失われたという意味では混迷の時代でもあるが、冒頭で示唆しておいた通り、多様な価値観が認められ始めたという意味では、全てネガティヴに捉える必要もない。こうした視座から遡ってみると、本作で描かれている 1950 年代は、よく言えば価値観が安定していた≒「正解」があった時代であり、悪く言えば「正解」を押しつけられていた時代である。冒頭のコマにある conformity という単語は、まさに 50 年代を表わすキーワードと言えるだろう（p.112 注❹も参照）。こんな事態を指して、50 年代のアメリカは保守化の時代とも称される。

こちらもいくつか具体例を挙げていくと、最も象徴的かつ典型的なのは、共産主義者を弾圧していったマッカーシズムだろう。1950 年の Joseph McCarthy の演説が端緒となって、特に 52 年から 54 年に猛威を振るったとされる。終わりが特定できるのは、54 年 12 月に McCarthy が上院侮辱罪で非難決議を受けたことによるが、同年 8 月には共産党の非合法化も成立している[4]。あるいは、漫画における自己検閲

3　1967 年、King 牧師がベトナム戦争反対の演説を行っているという事実もあるので、必ずしも「象徴」に留まるわけでもない。なお、年配の人について when he came back from Vietnam などと言う場合、war という単語を使っていなくても、ベトナム戦争に参加して帰ってきたときの話であることが多い。

4　反共産主義のアメリカという意味では、the American way of life という表現を特筆しておくべきだろう。「アメリカ特有の生き方／生活様式」という意

と呼ぶべき倫理的表現規制（いわゆるコミックス・コード）が制定されたのも 54 年だ（→ 7 章 pp.186-187 注❸）。こちらも保守的な道徳観が尊ばれたことのあらわれと見える。

　また、この時代の「安定した価値観」という文脈では、*Father Knows Best*（1954-60、邦題は『パパは何でも知っている』）や *The Donna Reed Show*（1958-66、邦題は『うちのママは世界一』など）といったファミリードラマが人気を誇っていたという点が指摘される場合もある。本書には所収しなかったが、*A Most Imperfect Union* にも次のようなやり取りが描かれている（p. 171）。

> Woman:　WHY DO IMAGES OF "THE NORMAL AMERICAN FAMILY" FROM THE FIFTIES LOOK SO **CREEPY**?
>
> Ilan:　BECAUSE WE WOULD SOON COME TO LEARN THAT THIS SO-CALLED NORMALITY MASKED **DARK THOUGHTS AND BEHAVIOR** — ALCHOLISM, DOMESTIC VIOLENCE, HIDDEN SEXUAL DESIRES.

> 女性：　50 年代の「普通のアメリカの家族」のイメージって、どうしてこんな**不気味**なの？
>
> イラン：　僕たちはじきに分かったからさ。いわゆる普通っていうのは、アルコール依存とか DV とか秘密の性的欲望みたいな、**ダークな思考や行動**を隠してるんだ、って。

こうした「普通のアメリカの家族」が幸せのイメージとしてはびこっていた、別言すれば、女性は専業主婦でママであることが定式化されていたことを思えば、先述した Friedan のフェミニズム運動が持ったインパクトも推察されるだろう。

　さて、長い寄り道となったが、ここで所収した漫画は、50 年代の画一化された「幸せ」を見事に切り取っている。いわく、みんなが同じ物

味のこのフレーズは、遡れば 1930 年代頃からよく使われるようになったようで、個人主義・実用主義^{プラグマティズム}・進歩主義などを連想させるが、特に 1947 年のトルーマン・ドクトリン以降は、全体主義に対立するものとしての民主主義・自由主義や消費文化の豊かさを連想させる（なお、同年には米ソ関係が Cold War と称され、早くもハリウッドでは「赤狩り」が始まった）。言わば反共は the American way そのものだったのだ。なお、60 年代に入ると、このフレーズも WASP（白人・アングロサクソン・プロテスタント）の体制文化だとして批判を受けるようになった。

を食べ＝消費し（マクドナルド）、いわく、みんなニコニコまがい物の幸せを享受＝消費できる（ディズニーランド）。さらには、まがい物の商品を目標に自分の身体をプロデュースしたくなるという、冷静に考えればグロテスクな欲望さえ生み出されたわけだ（バービー人形）[5]。

　ついでながら、女性に「主婦」や「ママ」という役割を宛がって家庭に閉じこめることを「性的な無害化」とでも形容すれば、その逆のベクトルには、過剰なまでの性化・肉欲化、例えば「娼婦」や「妖婦」のような役割を担わせることが据えられるだろう。女性に「主婦」・「ママ」／「娼婦」・「妖婦」といった役割を演じさせるのは、現実の生身の女性を見ずに、ある種の人たちが持つ理想の型を押しつけているという点では、同じ行為の両極に過ぎない。したがって、バービー人形が現実離れした過剰に女性的スタイルを誇っているのも、「ママ」と「娼婦」を両端とする spectrum（→ 2 章 pp.36–37 注❹）の中に位置づけられるという意味では矛盾しない。もっと言えば、保守化の時代たる 50 年代のアメリカを代表する女性として、妖艶なセックスシンボルたる Marilyn Monroe がいることも矛盾しないのだ（彼女のヌードが掲載された『プレイボーイ』創刊号は 53 年 12 月の刊行）。

　もちろん、50 年代においても、まがい物の画一性に息苦しさを感じた人々──若者たち──は少なくない。大人の社会の偽善に反発する若者を描いた作品（とりあえずまとめられる）J. D. Salinger の *The Catcher in the Rye* は、早くも 51 年に刊行されている。あるいは、ビート・ジェネレーションと総称されるカウンターカルチャーも 56 年頃から盛んになったとされ、その代表作である Allen Ginsberg の *Howl and Other Poems* が刊行されたのも 56 年（→ 7 章）、Jack Kerouac の *On the Road* の刊行も翌 57 年だ[6]。また、親世代は眉をひそめていたようだ

5　かくして当初のバービー人形はいわば反フェミニズム的なアイコンとなったからこそ、2023 年に公開された映画 *Barbie* で Margot Robbie 演じる初期型バービーは Stereotypical Barbie という呼称がつき、時に批判の対象となっているわけである。なお、2023 年 4 月、マテル社がダウン症のバービー人形を発表して話題となったように、現在のバービー人形は多様化が進み、肌と目の色、髪型、体形に複数の種類があるほか、車椅子・義足・補聴器を使うバービーや白斑があるバービーも存在している。

6　ビート・ジェネレーションは、60 年代のヒッピーやベトナム反戦運動にも影響を与えているので、公民権運動に即して本文中で記した通り、50 年代／ 60 年代という区切りはあくまで数字上のものでしかない。とはいえ、こうした曖昧さもきちんと忘れずにいれば、便宜的な区切りにもそれなりの意義はある。

が、若者たちがロックンロールに熱狂し、Elvis Presley が人気をさらい始めたのも 50 年代である。本文中に出てくる James Dean も、こうした文脈で理解される。1955 年に公開された主演作 *Rebel without a Cause*（『理由なき反抗』）では、親世代と対立し、将来に鬱屈とした不安を抱えた青年を演じ、当時の若者たちの共感を得た。ただ、悲しいほどの皮肉は、そんな共感の対象さえハリウッドが生んだ幻影だという点だろう。Dean 本人が同年に自動車事故で他界してしまったことで、この幻影はますます強化されることになった。

2. アメリカ漫画の基礎知識

　日本語の「漫画」にも、4 コマ漫画から長篇作品など様々な種類があるように、英語の comic にも色々な種類がある。必ずしも厳密な定義があるわけではないが——p.103 の注 3 に記した、ジャンルのゆ̇る̇さ̇と同じである——いくつか種類を紹介しよう。

　アメリカの漫画を考える上で、新聞というメディアを避けるわけにはいかない。*Peanuts* で有名な Charles M. Schulz は、キャラクターたちに人気が出て様々な製品に使われるようになった際、漫画が too commercial（あまりに商業的）になったと批判を受けたことがある。この点について次のように反論している——The strip is a commercial product to begin with. [...] Comic strips sell newspapers. That's why they are there for.（コミックストリップは、そもそも商品なんだ。［…］コミックストリップは新聞を売る。そのための存在なんだ（Johnson 1995: 165））[7]。アメリカの漫画の歴史に照らすと、この Schulz の見解はまったく正しい。19 世紀末からアメリカの新聞社は、購読者数の拡大を目指して漫画を掲載するようになったのだ。そして Schulz のことばにある comic strip という表現は、現在においても、a sequence of drawings in boxes that tell an amusing story, typically printed in a newspaper or magazine（一定の枠内に描かれた絵の連続によって物語

7　That's <u>why</u> they are there <u>for</u>. は That's what they are there for. と That's why they are there. が混ざった形で、（特に話しことばで）それなりの頻度で使われている。似た形でもっと頻度が高いのは <u>Where</u> are you <u>at</u>?「今どこ」。なお、*Good Grief* と題された引用元は、シュルツ自身が唯一公認した彼の評伝である。タイトルになっている good grief という表現については p. 186 注❶を参照。

られる楽しい話。一般的には新聞・雑誌に掲載される）（ODE）と、新聞・雑誌というメディアに関連づけて定義されている。なお、文脈から漫画だと明らかな場合は strip のみで使われることも多い（Schulz のことばの冒頭を参照）。

ODE の定義中にある、a sequence of drawings in boxes というのは、strip の案外と大事な要素を的確に指すと同時に、その可能性を狭めてもいる[8]。漫画なんだから複数のコマが続いているのは当たり前じゃないかと思われるかもしれないが、新聞や雑誌を見渡せば、1コマだけの面白い絵も存在する。日本でも頻繁に見かけるのは政治諷刺の漫画（イラスト）だろう[9]。こうした1コマ漫画は、英語では strip ではなく panel と呼ばれる。たとえばギャグに特化した1コマ漫画なら single gag panel だ[10]。

ふむふむ、なるほど、コマが複数という点が大事なのはわかった、だけど漫画なんだから「枠」に入っているのは当たり前だろう、とも思われるかもしれない。しかし実は、絵が枠に入っていない漫画も存在する。たとえば、本書のカバーにも使用したアメリカ新聞漫画の古典であ

8　ODE 中の an amusing story というのはなかなか微妙な表現で、comic という語がもともと funny を含意する語であるため（たとえば漫画やクロスワードパズルなどを掲載している新聞紙面は funny page と呼ばれる）、「笑える」という要素が色濃く感じられる。ただ、funny でない comic もあるのは自明なので amusing というやや意味の広い表現を使っているのだろう。なお、本文で後に紹介する Will Eisner はこうしたジャンルの広さを踏まえ、comic ではなく sequential art という表現を提唱した。

9　ちなみに、英語で政治諷刺漫画は political cartoon とも言うが editorial cartoon もしばしば用いられる。後者は一見「政治」や「諷刺」が入っていないので、意味を推測するのはなかなか困難だろう。

10　なお、若干ややこしいが、panel という語には名詞として「漫画のコマ」、動詞として「コマ割りする」という意味もあるため、例えば4コマ漫画は four panel comic や four paneled comic と呼ばれる（特に前者が多い）。

る George Herriman の *Krazy Kat*（1913-1944）は、「古典」でありながら——あるいは、ジャンルの草創期だったがゆえの自由さがあったという意味では「古典」だからこそ——現代の我々の目から見ると「前衛的」にも感じられる作風で知られ、前頁の図版のように枠線をほとんど取っ払った回もある。あるいは、アメリカで最も権威ある漫画賞の1つ Will Eisner Comic Industry Awards（通称 Eisner Awards）にその名が冠されている Will Eisner の代表作 *A Contract with God* (1978) も、「枠」を廃し、文字と絵が渾然一体となった実験的な作品として知られている。しかしながら *ODE* の定義に厳密に従えば、こうした作品は comic strip に含まれないことになる。

　もっとも、こうしたスタイルの斬新さを見ずとも、*A Contract with God* は初めから単行本として刊行されたがゆえ、新聞・雑誌に掲載される短い漫画を主に指す comic strip ではない、とも言える。こうした漫画本を指す英語としては graphic novel という表現が使われる場合が多い。実際 *A Contract with God* の表紙には graphic novel と記載されている[11]。アメリカの漫画の歴史を紐解きつつもう少し厳密に言えば、子供向けで単純と思われがちだった comic と差別化を図るべく graphic novel という言い方が使われるようになり、そして *A Contract with God* の刊行をもって graphic novel という表現が一般的になったとされている[12]。

11　該当の表紙は次の URL などで見ることができる。https://en.wikipedia.org/wiki/A_Contract_with_God

12　こう書くとふたたび、やっぱり *A Contract with God* は graphic novel であって漫画じゃないのではないか、と思われるかもしれない。以降の本文に記した通り、ジャンルとしての graphic novel の定義が曖昧なゆえ、実はいささか反論しづらい（そもそも反論する必要もないのかもしれない）。仮にジャンルとしての graphic novel を定義できるとすれば、こちらが上位概念となって、漫画はその一部に含まれる下位概念となるはずだ。たとえば日系アメリカ人 Miné Okubo が自身の収容所体験を描いた *Citizen 13660* という作品もしばしば graphic novel に分類されるのだが、この作品は、1ページの上半分に1枚のイラストが、下半分にキャプション（説明文）が載っているという体裁で、わかりやすく言えば「絵日記」に近く、さすがに「漫画」とは呼び難いと思われる。つまり graphic novel に含まれるが漫画ではない作品も確かに存在すると考えられる。したがって「漫画」を狭く定義するのであれば、*A Contract with God* もそこ（graphic novel だが「漫画」ではない）に含まれるという見解に反論する術は——私（今井）の読後感、ならびに、おそらくは多くの読者の読後感と齟齬をきたすし、「アイズナー賞」という状況証拠こそあるものの——私は持ち合わせていない。もち

　ただし、それでは *A Contract with God* が graphic novel の元祖なのか
と問われると、そう簡単な話でもない。そもそも graphic novel という
表現はアイズナーが初出ではない。また novel が長篇小説を指す単語で
あるためだろう[13]、graphic novel の定義に「長い物語」が含まれる場合
も多いが、*A Contract with God* は 4 つの比較的短い作品を所収している
（4 作に緩やかなつながりこそあるが、長篇とは呼びがたい）。むしろ現
在では graphic novel のさらなる先祖が探索され、定義も曖昧化してい
るようだ。こうして歴史なり伝統なりが回顧的に遡及されるという事態
は往々にして発生する。明治時代の日本において、literature の訳語とし
て「文学」が広まったからこそ、そこから遡って『源氏物語』や、果て
は神話である『古事記』なども「文学」と呼ばれるようになった事態な
どと似ているだろう（たとえば鈴木（2013）を参照）。

　閑話休題。かくして graphic novel を厳密に定義することは困難なの
だが、現代アメリカでは comic book と区別する形で漫画の単行本を指
す一般的な表現となっているようだ。ここで突然出てきた comic book
とは、マーベル・コミックスや DC コミックスなどの定期刊行誌を特に
指し、ならびに、これらの連載をまとめた本（trade paperback などと
呼ばれる）も指す[14]。今マーベル社などの名前を挙げた通り、American

ろんこれは「漫画」の定義とは何かという話でもある。絵と文字が組み合わ
さった作品とでも広く定義すれば（ジャンルとしての graphic novel を定義
するひとつの極はおそらくこれである）、*Citizen 13660* も「漫画」となるし、
funny な物語など英語の comic の形容詞用法に近づけて定義すれば、p.141
の注 8 に記した通り、アイズナー自身の意識として、彼の作品は「漫画」で
はなくなる。

13　ついでながら、英語で短篇小説は story と呼ばれる。もし書名が *Kurt
Vonnegut: Complete Stories* という本であれば『カート・ヴォネガット
短篇全集』の意で、短篇は網羅されているが長篇は入っていない。同様の理
屈で *Selected Novels* なら『長篇選集』、*Collected Novels and Stories*
なら『長篇・短篇集』となる。洋書を買うときの参考に。

14　定期刊行誌としての comic book は 32 ページほどの漫画誌と相場が決まっ
ているため、独立したジャンルとして捉えやすいのだが、trade paperback
（以下 TPB）と graphic novel の区別は案外と難しいというか、こちらも曖
昧化しているようである。一説によれば、TPB は「他に掲載されたことが
ある漫画の集成」、graphic novel は「初出の長篇漫画作品」という明確な
区別があるという。しかしながら、実は *A Contract with God* が graphic
novel を謳ったのは最初のハードカバー版ではなく TPB で再版された際
だったらしいので、この区別に従えばまたしても *A Contract with God* は

comic book を構成する最大のジャンルがいわゆる「アメコミ」——英語では superhero comic が近い——だと言える。ちなみに、特にこの superhero comic book では分業が基本で、物語を執筆する writer、下絵を描く penciller、絵の仕上げを務める inker、色をつける colorist、吹き出しなど文字を記入していく letterer が共同作業を行ない、各担当者の名前がしっかりクレジットされている。この点、多くの場合（少なくとも表向きは）単独の作家に帰せられる日本の漫画とは大いに異なっている。本書に掲載した *A Most Imperfect Union* も文字パートと絵の作者が異なるが、決して珍しいことではない。

　さて、そんな *A Most Imperfect Union* は明らかにヒーロー漫画ではないし、全体は 280 ページを超える単行本なので graphic novel に分類されることになる。ただ、前段落に記した通り、もはや graphic novel の定義は曖昧模糊とし、事実上、単なる出版形態上の区別であるというのが現状だ。実際、わざわざ graphic novel という表現を使う必要性があるのかと問う声も少なくないらしい。長々説明してきたが、素朴に comic として楽しめばそれで十分だろう。

---

graphic novel の元祖と言えなくなる。しかも、当のマーベル・コミックスを見ても、2011 年から *The Official Marvel Graphic Novel Collection* というシリーズを刊行している。これは過去のマーベルの傑作を順次掲載していく分冊百科で、つまり初出でない作品を graphic novel と自ら謳っている。もはや TPB と graphic novel は類義語と言ってよいのだろう。繰り返すが、このあたりの分類はゆるく捉えられたい（「明確な区別」の「一説」は次を参照。https://www.howtolovecomics.com/2020/11/16/whats-the-difference-between-graphic-novels-and-trade-paperbacks/）。

6

Janika Oza,
"Fish Stories" (2021)

*

ジャニカ・オザ
「ほら話」

　続いては短篇小説を1本まるごと読んでみよう。特に事前情報なしに、純粋に作品を楽しんでほしい。ちなみに、この作品の初出誌である *The Kenyon Review* のサイトで本人による朗読が公開されていたので、語注ではその音声も参照している。現在は聞けないようだが、復活してくれることを望む。

　「事前情報なし」とはいえ少しだけ注釈しておくと、（複数形で）タイトルになっている fish story は「ほら話」を意味する慣用表現。捕まえたり逃がしてしまったりした魚の大きさは「盛られがち」というのが由来らしいが、本作の「ほら話」はいかに。

On the day my dead brother came home ❶I awoke to the smell of salty ❷broth, mushrooms ❸swelled with water and heat, ❹the tang of sugared limes. My mother entered my bedroom, ❺pulled me from sleep with cool fingers. He's home, she said. Who?

5 Your brother. When she said his name, I pushed away the thought of the boy I had once known, glasses round and thick, framing eyes whose lashes I never stopped envying, a checkered shirt or perhaps his Manchester United polo, a missing ❻canine that had never ❼grown in. Instead, I ❽rolled over and said, My brother is dead. Let

10 me sleep. ❾Patiently, my mother ❿peeled back the covers, waited for the February air to ⓫work its way under my pajama shirt. He's

---

❶ I awoke to ... : [目覚め系動詞 to X]「〈目が覚め〉てまず目、耳、鼻に入ってくるのは X」。例：It was so wonderful **waking up to** the birds chirping instead of you blowing your nose.（[ドラマ]*Full House*, S3E8)「最高だったよ、起きてまず聞こえるのが、あんたが鼻をかむ音じゃなくて鳥さんたちが鳴いている声だったんだもの」。この出だしで我々読者もにおいの世界に誘われる。

❷ broth:「肉や魚を煮出して作ったスープ」（『ランダムハウス』s.v. *broth)*。

❸ swelled: この swelled は *The Best Short Stories 2022* に所収された際に swollen に変更されている。第 1 章 "Burnt, Baby, Burnt" のような話だが、かつては be swelled の方が高頻度、be swollen の方が低頻度だったのが、少しずつ頻度に変化が生じ、今では be swollen の方がはるかに普通。

❹ [the tang of X]:「X の刺すような味、におい」。母語話者の中には「刺す」の意味の sting となんとなく似ていると感じている人もいるかもしれない。

❺ [pull X from Y]:「X を Y から引き離す」。日本語だと「引く」だけでは物足りない感じがして「離す」のような動詞を足すため、英語でも away from Y とする必要があるのではとつい思ってしまうかもしれないが、from だけで OK。

❻ canine: ここでは canine tooth「犬歯」の意。

❼ [grow in]:「〈なくなった植物・髪などが〉（再び）生える」（『ランダムハウス』s.v. *grow)*。

　死んだお兄ちゃんが帰ってきた日、わたしが目を覚ますと、しょっぱいスープと、水と火でふくらんだキノコと、砂糖づけしたライムの酸っぱいにおいがした。お母さんが部屋に入ってきて、冷たい指でわたしを眠りから引っぱり出した。お兄ちゃんが帰ってきた、とお母さんは言った。え、だれ？　お兄ちゃんよ。お母さんがお兄ちゃんの名前を言ったとき、わたしはお兄ちゃんについての思いをどっかにやろうとした。丸くてぶ厚いメガネをかけて、そんなメガネの奥に見えるまつげがいつもうらやましくて、チェックのシャツか、おなじみのマンチェスターユナイテッドのポロシャツを着て、けっきょく犬歯が生えてこなくてそこが穴になってた、かつて知ってた男の子。そんなことを考えるかわりにわたしは寝返りして言った。お兄ちゃんは死んだ。寝かせてよ。しんぼう強くお母さんはかけものをはぎ取って、二月の空気が

❽ [roll over]:「ごろり、ごろごろと転がる」。over は円弧の軌道を表す。[knock X over]「ぶつかって X を倒す」は約 90 度、[turn over a page]「ページをめくる」は約 180 度の円弧と対応。

❾ Patiently: 文頭に副詞が置かれているが、文頭形容詞も可。つまり "Patient, my mother peeled back the covers" というふうに、主語の状態を述べてから一呼吸置いて主語に入ることもできる（実際、本人の朗読ではこう読まれていた）。文体としては、文頭形容詞パターンの方がややかたい。類例：**Surprised**, he asked, "What's wrong?"（[短編小説] Michael Bracken, "Blest be the Tie That Binds"）「驚いた彼は、「どうしたんだ」と尋ねた」。

❿ peeled back the covers: [peel X back]「X を引っ剥がす」の X が後ろに回った形。例：**peel back** the bandage「ばんそうこうをはがす」（『ウィズダム』s.v. *back*）。[the covers] はシーツや毛布、布団などを指す決まった言い方。

⓫ work its way under my pajama shirt:「ゆっくりじわじわとパジャマの中に入り込んでくる」。[V one's way ＋経路表現] は時間をかけたり苦労したりしながら進行する様を描くパターンで、「way 構文」の名で長年に渡り言語学者に愛されている（平沢 2021b: 第 4 章）。V に work が入った [work one's way ＋経路表現]はよくある言い回し。/w/ が近い位置に 2 度出てくることで、リズムがなんとなく良い感じに。[under ＋衣類] は、垂直方向の「下」ではなく肌への近さの意味の「中」を表す高頻度パターン。

in the living room, she said. He needs **❶**a change of clothes. Give him **❷**something of yours.

    When she left the room, I heard her speaking to someone, asking my brother if he was hungry, **❸**when was the last time he ate. When
5 I stepped into the living room with a sweatshirt and shorts folded in my arms, my mother was seated on the low sofa, rubbing her hands **❹**over a flowered pillow. He's soaking, she said, give him the clothes **❺**so he can change. I placed the clothes next to her and asked why he was wet. It's a storm, she said, and as she said so I heard
10 **❻**the drum of rain against the window. Also, he had to swim so far to get here. He can't swim, I said.

    My brother had **❼**drowned years ago when we first arrived in this country where children learned to swim before they could

---

❶ [a change of clothes]：「着替え（のセット）」の意味の一番普通の言い方。

❷ something of yours: a friend of mine のアクセントの置き方は a FRIEND of mine がニュートラルで、「ジョンの友だちではなく私の友だち」のように対比がある場合には a friend of MINE となる。ここでは「something of his ではなく」ということで something of YOURS。

❸ when was the last time he ate: When is the last time SV? は「最後に S が V したのはいつ（だろう）」の意のよくある言い回し。

❹ over：「X の上」の over X の用法の 1 つに、X の表面の性質に注目するものがある。例 1：Ryder passed his tongue **over** his parched lips.（［短編小説］Arthur Conan Doyle, "The Adventure of the Blue Carbuncle"）「からからに乾いた唇に、ライダーは舌を滑らせた」（柴田元幸（訳）「青いザクロ石の冒険」）。例 2：（戦車についての説明）The A7V did not travel well **over** uneven ground.（［図鑑］*The Ultimate Book of Cross-sections*）「A7V は凹凸の地面だと上手に進めなかった」。ここでも a flowered pillow の表面の手触りを味わっている感じがある。

❺ so he can change:「彼が着替えられるように」。so <u>that</u> he can change ということだが、that は現代の口語的な英語では表現しない方が普通（柴田 2022:

じわじわとわたしのパジャマのなかに入りこむのを待った。お兄ちゃんはリビングだから、と言われた。着替えがいる。あんたの服を貸しなさい。

　お母さんが部屋を出ていって、だれかに話しかけるのが聞こえた。お兄ちゃんに、お腹はすいてるか、最後に食べたのはいつかときいてる。たたんだスウェットと短パンを両腕に抱えてリビングに入ると、お母さんはローソファに座って、花がらのクッションを両手でなでていた。お兄ちゃん、びしょぬれなの、着替えられるように服をあげて、とお母さんは言った。わたしはお母さんのとなりに服を置いて、なんでお兄ちゃんぬれてるのときいた。嵐だから。お母さんがそう言うと同時に、窓をたたきつける雨の音が聞こえた。それに、ここまで、ずいぶん長く泳がなきゃいけなかったから。お兄ちゃん泳げないよ、とわたしは言った。

　何年か前、はじめてわたしたちがこの国に着いた年に、お兄ちゃんはおぼれ死んだ。この国じゃ子どもたちは、歩くより先に泳ぎをおぼえる。脂肪で

245）。動詞 change はこれ 1 語で「着替える」を表せる。

❻ the drum of rain against the window:「雨が窓にあたるダダダという音」。drum という単語を見て脳内に「ダダダ」「ドンドン」「トントン」などの音が響くようにしておきたい。[the どんな音かを示す名詞 of X against Y]「X が Y に当たる〈音〉」はよく用いられるパターン。「どんな音か」の情報を込める位置を変えた［the sound of X ＋どんな音かを示す自動詞の ing 形＋ against Y］という変種もある。例：the sound of water lapping against the boat (*OALD*, s.v. *lap*)「水が船にぴちゃぴちゃ当たる音」。

❼ drown:「英語の *drown* は「おぼれて死ぬ」の意」で、溺れて死にそう（つまり溺死してはいない）の意味なら「nearly [almost] *drown* か be *drowning* である」（『新英和』）。

walk, ❶burbling mounds of fat and feathery hair dropped into communal swimming pools like coins, ❷careless wishes tossed by believing parents. My mother looked at me. He learned, of course, she said. He had to swim all that way.

5 ❸What's that smell, I asked, ❹my nostrils pricking at the acidic cloud that was drifting from the kitchen. I'm making soup, my mother said. Help him change while I ❺go check on it. She left the room, and I heard ❻the clicking of a spoon against a pot, the ❼splatter

---

❶ burbling mounds of fat and feathery hair dropped into communal swimming pools like coins:「ぶくぶく言うたくさんの脂とふわふわの毛 (burbling mounds of fat and feathery hair) が、共用プール (communal swimming pools) の中にコインみたいに落とされて」。意味上の主語付きの分詞構文で、慣れないうちは burbling mounds of fat and feathery hair being dropped into …と being を補って読んでも OK。直前に「この国 (this country) では赤ん坊たちが、歩けるようになる前から泳ぐことを覚える」とあるが、その様子／方法がここでは比喩／誇張的に描写されている。burble には「泡立つような音をたてる」の意も「よく聞きとれないようなことをしゃべる」の意もあるので (『リーダーズ』)、今回の比喩にぴったり。mounds of ... は a large pile or quantity of something (ODE)。fat は、まるまるぷくぷくした乳児の脂肪を指す [baby fat] という表現を思い起こさせる。feathery hair は、要は「柔らかな羽毛のような産毛」。ついでながら、まるまるした赤ん坊ということは栄養状態がいいわけだし、そんな幼子をスイミングに通わせるのだから、this country は裕福な先進国である。→「本文解説」

❷ careless wishes:「(信じる親たちによって放られる) ぞんざいな願い」。噴水などの水場にコインを投げて幸運を祈るという風習は当然ながら欧米にもあり (有名なのはイタリアのトレヴィの泉)、ここでは水中に放られる赤ん坊→コイン→願いと比喩的な言い換えの連鎖が続いている。文法的には、意味上の主語付きの分詞構文だ (補助輪付き読解では careless wishes being tossed by believing parents) とも、coins と careless wishes tossed by believing parents が同格だとも捉えられる。

❸ [What's that smell?]: 今している臭いについて「この臭い、何?」という時の

まるまるして、羽毛みたいな髪の毛をはやしたブクブクいうかたまりたちが、みんなが使えるプールに、コインみたいに落とされる。信じる親たちが放る、大した考えのない望み。お母さんがわたしを見て、お兄ちゃんはもちろん泳げた、と言った。はるばる泳がなきゃならなかったんだから。

このにおいなに、とわたしはきいた。鼻の穴が、台所からただよってくる酸っぱい雲にピクッとなった。スープを作ってる、とお母さんは言った。ちょっと見てくるから、着替えを手伝ってあげて。お母さんが部屋を出ていくと、スプーンが鍋にかちゃかちゃ当たる音と、ニンニクとマスタードシー

一番普通の言い方。今聞こえている音について「この音、何？」という場合には What's that (sound)?。ちなみにもう消えてしまった音について「何、今の」という場合には What was that? が普通。

❹ my nostrils pricking at the acidic cloud: nostrils は「鼻の穴（2つ）」。prick については、ears が prick (up) すると言えば、耳が音に反応して（動物の場合にはピンと立ち）続きを集中して聞こうとすること。例：Her ears **pricked up** at the sound of his name. (*OALD*, s.v. *prick*)「彼の名前が聞こえてきて、彼女の耳はダンボになった」。ここではにおいに鼻の穴がピクッと反応して、そのにおいに意識が集中していくということ。at は［身体反応 at 刺激］のパターン。例：Loreda's mouth watered **at** all of the foodstuffs for sale in here. (［小説］Kristin Hannah, *The Four Winds*)「店内で売られているたくさんの食べ物を見て、ロレーダの口はよだれであふれた」。acídic は ácid「酸」の形容詞バージョン（といっても ácid のままでも形容詞になれるが）。

❺ [go check on X]: は「（これから）X の様子を見に行く」の意のよくある言い回し。「これから」としたのは I'll **go check on** him. や I'm gonna **go check on** the kids. のように未来文脈で用いられるのが普通だから。類例として [go get X]「（これから）X を取りに行く」、[go tell X]「（これから）〈人〉に伝えに行く」なども覚えておくとよい。

❻ the clicking of a spoon against a pot:「スプーンが鍋に当たるカチンという音」。またしても［the どんな音かを示す名詞 of X against Y］のパターン。先ほど drum だった部分が click「カチッと鳴る」の動名詞形になっている。

❼ splatter:「バシャッ、ビチャッとはねる音」。

of garlic and ❶mustard seed frying in oil. They're ❷just ripe enough, I heard her say, followed by ❸the whack and tear of plantain skin peeling from body. Moving to the couch, I sat where my mother had been and ❹fingered the pile of clothes next to me. My brother

5 was older than I, but he had always been ❺slight, ❻his cheekbones carving his face into delicacy, ❼his collarbones knocking against mine whenever we hugged. ❽Which wasn't often, but I ❾remember him ❿slinging his arm over my shoulder as we walked home from

---

❶ [mustard seed]:「からし種、マスタードシード」。粒マスタードに残っているつぶつぶ。

❷ just ripe enough: [just + enough] で「ギリギリ合格ラインを越えている」の意を表す高頻度パターン（just については2章「文法解説」pp.52–55 参照）。例：The road was **just** wide **enough** for two vehicles to pass. (*OALD*, s.v. *wide*)「道路の幅はギリギリ車が2台通れるくらいだった」。今回は食べ頃合格ラインを越えたばかりだということ。

❸ the whack and tear of plantain skin peeling from body: ここでは whack はバンッという打撃音を、tear はビリッという音を指す。plantain は「プランテインの実、料理用バナナ《大型で硬く、煮たり焼いたりして食べる》」（『リーダーズ』s.v. *plantain*）。peel には他動詞「はがす」の用法も自動詞「はがれる」の用法もあるが、今回は後者。plantain skin peeling from body は［意味上の主語＋動名詞］で「plantain skin が peel from body していくプロセス」。より大きな構造としては the whack and tear of plantain skin peeling from body と思われ、実際本人の朗読を聞いてもこれと対応する読み方がされていたが、ここで意図されている意味が本当に「プランテインの皮が実からはがれるときのバンッという打撃音、ビリッという音」なのかは疑問。皮が実からはがれるときにバンッという打撃音が鳴るだろうか？　語り手が本当に言いたかったのは、プランテインをまずバンッと何かにぶつけて、その次にビリッと皮を剝がすという二段階のプロセスのそれぞれの音が聞こえたということだろう。

❹ fingered: この finger は他動詞で「…に指で触る」。

❺ slight:「小柄で痩せている」。

❻ his cheekbones carving his face into delicacy: [carve X into Y] は「彫る」という行為によって X を Y の形にすることを表すのによく用いられる。

ドを油でいためる音が聞こえてきた。これもちょうど熟れたの、とお母さんが言う声が聞こえて、プランテインをバンッと叩いてベリッと皮をはがす音がした。わたしもソファに近づいて、さっきまでお母さんがいた場所に座り、となりに重ねて置いてある服を指でなでた。私より年上だったのにお兄ちゃんはいつだって細くて、ほお骨がきれいな顔を彫り上げて、ハグするたびにお兄ちゃんの鎖骨とわたしの鎖骨がぶつかった。ハグしたことは多くないけど、学校から歩いて帰りながら、お兄ちゃんが腕をわたしの肩にさっとまわしてくれたのを覚えてる。そうしながらわたしの耳に小さい声でささやいて、

例：The wood had **been carved into** the shape of a flower. (*OALD*, s.v. *carve*)「その木は一輪の花の形に彫られていた」。ここでは carve の意味上の主語が cheekbone（頬骨）なのが不自然に感じられるかもしれないが、日本語の「新デザインでは<u>2 色の線がハートをかたどっている</u>」と似たことば遣いと考えればよい。[carve X into Y] の Y が形状らしい形状ではなく delicacy「優美さ」という抽象概念になっているが、これはこの書き手の独創的なことば選び。

❼ his collarbones knocking against mine:「彼の鎖骨が私の鎖骨にあたって」。ここでの音はゴンッくらいか。

❽ Which: 前文の内容を受ける代名詞。関係代名詞の which がごく普通の代名詞のように用いられるという現象は口語的な文体では幅広く起こるが、特に高頻度なのは [Which is why ...]「そういうわけなので…」や、何かの解説や司会をしている人が使う [Which brings us (back) to ...]「以上のことを踏まえて…の話に入り（戻り）ましょう」など。その他のパターンも知りたい場合は滝沢（2006: 147–148）へ。

❾ remember him slinging: him slinging の部分は「彼が sling ... すること」という[意味上の主語＋動名詞]の構造。<u>his</u> slinging とすると文体がややかたくなる（ちなみに本人の朗読では一度 his と言ったあと、him と読み直していた）。

❿ slinging his arm over my shoulder: [sling ＋物＋場所表現] で「〈物〉を〈場所に〉無造作に放り投げる」の意。「腕は放り投げられないでしょ、胴体にくっついてるんだから」と思ってしまった人は、[throw one's shoulders back]「勢いよく胸を張る」、[throw one's head back]「勢いよく頭をのけぞらせる」、[kick one's leg(s)]「脚を勢いよく振り上げる」などの言い回しを覚えて慣れておくとよいだろう。

school, ❶whispering low into my ear to ❷drown out the calls of the kids on the field. ❸Where did you even come from, they would call. What happened to your dad? My brother would ❹stroll over ❺with an easy cool, nod his head at the boys who ❻were doubled over in
5 cruel laughter, and ❼steer me away. ❽Just like that.

Something was ❾crackling in the kitchen, maybe dried chilies added to the pot, the ticking of the ❿back burner that never quite worked. ⓫Almost ready, my mother called, her voice high-pitched,

---

❶ whispering low: この low は副詞で「小さな声で」(in a low voice)。

❷ drown out the calls of the kids on the field: [drown X out]「X の音をかき消す」の X が (おそらく長いため) 後ろに回った形。ただしここではもう少し深く突っ込んだ理解をしたい。→「本文解説」注2

❸ Where did you even come from:「来るという行為さえどこからしたんだ」ではなく「どこから来たのかさえ疑問だ」ということ。→「文法解説」

❹ [stroll over]:「ゆっくりと、落ち着いた様子で、気張らない感じで歩き近寄っていく」。この over は「{こっち／そっち／あっち} の側へ」(ここでは少年たちの側へ)。

❺ with an easy cool:「リラックスした冷静な雰囲気で」。ここでの cool は「冷静な感じ、雰囲気」の意の名詞。雰囲気を描写する名詞句に不定冠詞を用いるのはごく普通で、[a 形容詞 atmosphere] や [an air of X] のように完全に慣習化している表現もあれば、次のようにその場で柔軟に可算が選択される場合もある。例: (Abigail と交際している Mark が、上司の Maggie と会話している場面) As soon as she [=Maggie] said Abigail's name, **a tenderness** came over him [=Mark]. ([小説] Nicholas Sparks, *The Wish*)「マギーがアビゲイルの名前を出すと、たちまちマークが柔らかなオーラに包まれた」。

❻ were doubled over in cruel laughter:「腹を抱えながら、悪意ある笑い声をあげていた」。[double over] は体を2つに折り曲げるという姿勢変化を、[be doubled over] はその変化の結果状態を表す。[(be) double(d) over in laughter] もそれなりの使用頻度だが、特によく出会うのは [(be) double(d) over in pain]「痛みで体を2つに折り曲げる、苦痛で身をよじる」。

❼ steer me away: [steer ＋人＋方向]「〈人〉を〈方向〉に連れて行く、案内する」。主語が何らかの意味で〈人〉よりも力を持っていて、〈人〉の居場所や立ち位置をコントロールしている感じがする表現。ここでは my brother が me を少年た

校庭で冷やかすみんなの声をしずめようとしてくれた。お前らいったいどっから来たんだ、って子どもたちはいつも冷やかしてきた。父親はどうした？お兄ちゃんは、なにも気にしてないクールさでふらふら歩いていって、体をふたつに折って残忍な笑いをあげる男の子たちにうなずいてみせ、わたしを遠くへ連れて行った。いとも簡単に。

　台所でぱちっと音がした。ドライチリが鍋に足されたとか、いつも調子が悪い奥のコンロが鳴ったとか、そんな音。もうすぐできる、とお母さんが、歌ってるような高い声で呼んだ。いまが深夜なのを忘れてるみたいで、まる

ちから守っている。

❽ [Just like that.]: プロセスの簡単さ、手軽さ、スムーズさ、速さを強調するイディオム。ここでは my brother の振る舞いの「なんてことはない」感（an easy cool）のことを言っている。→「文法解説」

❾ crackle:「（物が燃えるときのような）パチパチという音を立てる」。

❿ [back burner]:「レンジの奥のバーナー（煮込み料理などをかけっぱなしにしておくバーナー）」（『リーダーズ』s.v. *back burner*）。

⓫ Almost ready:「晩ごはんできたよ〜」と家族を呼ぶときの Dinner's ready. はよくこの動画（https://www.youtube.com/watch?v=YGCnbiQVn_w&t=345s）のようなメロディー（イントネーション）で発音される（図 [a]）。

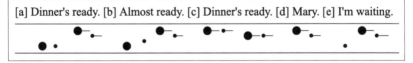

[a] Dinner's ready. [b] Almost ready. [c] Dinner's ready. [d] Mary. [e] I'm waiting.

作者本人の朗読でも、これとほぼまったく同じメロディーで Almost ready. と読まれていた（図 [b]）。Dinner's ready. のもう 1 つよくある発音の仕方はこの動画（https://www.youtube.com/watch?v=2cTdR0xTvfo&t=107s）のようなもの（図 [c]）。文末または文全体を [高平坦→やや高平坦] で読むこのイントネーションパターンには、いくつかの用法がある。その 1 つが「日常的な感じ（Ladd 1978）の呼びかけ」。[a]–[c] のように食事ができたときだけでなく、家の中で家族の名前を呼ぶときにも使える（図 [d]）。別の用法の 1 つに「コミカルにする」というのもあり、たとえば友人や家族を急かすときの I'm waiting. を図 [e] のように発音すると、冗談めかした感じになりシリアスさを減じることができる（それにより逆に怖くなる場合もあるが）。

sing-song, like it wasn't ❶past midnight and she didn't have to ❷be up for work in five hours to stand on her feet in a cold hospital waiting room all day. OK, I called back, then picked up the pile of clothes and shoved them under the pillow.

5 　　One day, I had arrived at school ❸to find that no one was interested in bothering me. Instead, I found a crowd of sixth-grade boys around my brother, and my brother recounting ❹story after story, his hands ❺shaping the air into mountains, rivers, elephants, swords. ❻Yes, we rode lions to school, and for dinner my mother

10 would kill a monkey, ❼crack open its skull for us to feast on fresh ❽brains. Yes, for my last birthday I had tea with the King of Uganda; we shared ❾a cake made of mango flesh studded with passion fruit

---

❶ past midnight:「午前 0 時を過ぎて」。

❷ be up for work in five hours:「5 時間後に、仕事に向けて起きている状態になっている」。

❸ to find: [SV to find ...]「S が V すると、(S の目の前に) ⋯ という状況が存在している」例：He looked up **to find** her watching him. (*OALD*, s.v. *find*)「顔を上げると、彼女にじっと見つめられていた」。

❹ story after story: [day by day] と [day after day] を並べてみればわかるように、[X by X] と [X after X] は紛らわしい。違いとしては、[X by X] は少しずつ変化が起こっている、進展しているということを言いたいときに用いられ、逆に [X after X] は同じことが繰り返されているということを (時にその単調さ、退屈さへの不満を示唆するかたちで) 言うのに用いられる傾向がある (平沢 2019b: 196)。また、[X by X] と違って [X after X] は名詞句としても使われる (Jackendoff 2008)。実際、今回の story after story は recount「⋯を語る」の目的語になっている。

❺ shaping the air into mountains, rivers, elephants, swords: [shape X into Y]「X を Y の形にする」(into については pp.152–153 注❻も参照)。

❻ Yes, we... :「そうだよ、僕たちは⋯」　ここから p.158 の with our money, too. まで、「お兄ちゃん」が recount していた story after story。

で、五時間後には起きて仕事に行って、一日じゅう病院の寒い待合室に立ってるなんて、そんなことしなくてもいいって感じだった。わかった、とわたしは返事して、重なったままの服を持ち上げてクッションの下に押しこんだ。

　ある日、わたしが学校に着くと、わたしをいじめることにみんな興味をなくしてた。六年生の男の子たちはかわりにお兄ちゃんを囲んでて、お兄ちゃんは次から次にいろんな話をしてた。両手を使って、山、川、ゾウ、剣のかたちを空中につくりだした。そうだよ、みんなライオンに乗って通学するんだ。晩ご飯には母さんが猿を一匹殺して、頭蓋骨を割って、新鮮な脳みそでごちそうを作ってくれた。そうそう、この前の誕生日はウガンダ王とお茶して、パッションフルーツのたねが宝石みたいにかざってあるマンゴーケーキ

---

❼ crack open its skull: crack its skull open「crack という行為によって its skull に働きかけた結果、its skull が open な状態になる」の its skull が後ろに回った形。→「文法解説」

❽ brains:『ウィズダム』には「[〜s][料](食用としての)動物の脳」というぴったりな語義記述が見られる。ここでは [feast on X]「X を(宴会のように)楽しんでたくさん食べる」というフレーズの X 部分として用いられているが、このフレーズについては pp.162-163 注❹を参照。

❾ a cake made of mango flesh studded with passion fruit seeds: [be 何かを伴っていることを表す過去分詞 with その何か X](たとえば [be filled with X] など)の諸パターンの中には、過去分詞が「何かを伴っている」という情報に加えてその「何か」がどのような形状をしているのかまで伝えるものがある。たとえば The crackers **were dusted** with sugar(クラッカーには砂糖がまぶされていた)は sugar が dust 状(さらさら)だったという情報を含み、The wall **was lined with** books「壁には本がずらりと並べられていた」は books が line 状(ずらり)になっていたという情報を含む。今回は a cake made of mango flesh が伴っていた passion fruit seeds が stud 状(小さな突起物状、ぽつぽつ)だったということ。

seeds like jewels. Yes, ❶he sent my family on a ❷mission to far-off Canada. We swam here; it took us a whole year. Yes, ❸a few days into our journey my father realized he had forgotten to bring our money, so he ❹had to turn back to fetch it. He'll arrive any
5 day now, with our money, too. The boys were nodding, nodding, ❺what looked like hesitant admiration in their eyes. ❻Later, I would understand it as jealousy.

I heard my mother ❼humming over the stove. In the kitchen I found that she had ❽coiled her hair into a high bun ❾atop her head
10 and that sweat was ❿speckling her nose ⓫from the steam rising out

---

❶ he sent my family on a mission to ... : 旅行や出張、お使いなど移動を含む行為やイベントを X として、「X に行く」「X に人を行かせる」「X に人を連れて行く」ということを表すのには [go on X] [send 人 on X] [take 人 on X] というパターンがよく用いられる（平沢 2021b: 254–258）。[go on a date]、[go on a honeymoon]、[send 人 on a business trip]、[send 人 on an errand]、[take 人 on a tour of ...] など。mission は次の注にある通り移動を含む名詞なので、このパターンで用いることができる。

❷ mission:「外国などに行って遂行する重要な任務」。

❸ a few days into our journey:「our journey が始まって数日経ったところで」。これ全体が副詞的なかたまりとして機能している。時間軸上で our journey の領域に数日分だけ入った時点を指していると考えればよい。[経過時間 into 時間領域] のパターンは非常に高い頻度で用いられる（平沢 2021: 125–128）。例：Suddenly, Spain was the team on its heels, and minutes **into** the second half Doan sent a heavy left-footer past Unai Simón to tie the score. ([新聞記事 (WEB)] *The New York Times*, Dec. 1, 2022)「突如スペインが日本を追う格好となったかと思うと、後半に入り数分経ったところで堂安選手が強烈な左足を放ち、ボールはキーパーのウナイ・シモンの向こう側へ。これが同点ゴールとなった」。

❹ [had to do...]: 多くの場合、「せざるを得なかった」だけでなく「それをした」ことまで含意する。ここでは、せざるを得ないので turn back to fetch it した、と言っている。

を一緒に食べた。そうさ、僕の家族は王様に命じられて遠くカナダへ送られたんだ。ここまでは泳いできたよ、丸一年かかった。そう、旅に出て三日くらいしたころ、父さんが、お金を持ってくるのを忘れたって気づいて、取りに戻ったんだ。父さんもそのうち着くはずだ、お金と一緒にね。少年たちはうなずき、まさかって見とれるような驚きを目に浮かべながらまたうなずいた。やがてそれは嫉妬だったのだと、わたしは理解した。

　お母さんがコンロで作業しながら鼻歌をうたってるのが聞こえた。台所に行くと、お母さんの頭のてっぺんに髪がくるくる巻かれていた。三つのスチール鍋からのぼる湯気のせいで、汗が鼻にぽつぽつついてる。ほとんど右腕全

❺ what looked like hesitant admiration in their eyes:「what looked like hesitant admiration が in their eyes な状態で」。

❻ Later, I would ... : 過去の would にはいくつかの用法があるが、ここでは、ことの行く末を知っている語り手が「このあと…することになる」と未来を先に言ってしまう用法。later と一緒に使うことも多い。

❼ humming over the stove:「こんろを上から見ながら鼻歌を歌っている」。ここでの over は単に「…の上」というだけでなく、腰を曲げながら対象を上から覗き込んで作業しているというニュアンスを伴う。例：I spotted Hunter hunkered down in the library stacks, his head bent **over** a textbook. ([小説]Emily Giffin, *Something Borrowed*)「ハンターが図書館の本棚のところでしゃがみ込み、教科書に顔を埋めているところを見た」。

❽ coiled her hair into a high bun: [coil X into Y]「X をぐるぐる巻いて Y の形状にする」(into については p.156 の注❺も参照)。a bun は髪を丸めた「お団子」。

❾ atop her head:「頭の上に」。atop はやや古風または文学的な響き。

❿ speckle:「…に斑点をつける」。

⓫ from: ある時点においてこれこれの状態が成り立っているということを表す文に from ... を添えて、その状態を引き起こした原因を語る用法。例：He's still a little groggy **from** the anesthesia. ([ドラマ] *Full House*, S5E10)「こいつ、麻酔のせいでまだ少し意識が朦朧としているんだ」。

of the three steel pots. She had her arm ❶nearly all the way into one of them, ❷working a fork over the matoke, grunting with effort. Do you need help? I asked, but she shook her head, her back turned to me. ❸You just ❹keep your brother company ❺for now, she said.

5 He's missed you. She pulled a wide bowl from the cabinet, ❻ladled in broth and ❼heat-drunk vegetables, ❽sprinkled a palmful of salt over the sticky mound. He never liked spicy much, but—she said, adding a green chili. Then, balancing the ❾vessels in her arms, she ❿turned around to face me and my brother. Oh, she said. Where

10 did he go? I looked beside me, at the seat that I had pulled out. My mother ⓫walked over and lined up the two bowls and the mug,

---

❶ nearly all the way:「腕のほぼ端から端まで」(腕の左右については p.164 注 1 へ)。[all the way] は単に距離が長いということを強調するだけの場合もある。 例：He's come **all the way** from Tokyo. (*OALD* online, s.v. *come*)「はる ばる東京から来てくれている」。加えて、その長い距離が何かの幅の端から端ま でである、全長だ、という場合もある。例：(飛行機で仮眠を取ろうとしている 夫に対して妻が言うセリフ) But just, please, don't—don't lay **all the way** back. ([映画] *Murder Mystery*)「でも、ダメよ、背もたれ最後まで倒したら」。 今回は後者の用法。

❷ working a fork over the matoke:「フォークでマトケ（ウガンダなど東アフ リカのバナナ料理）の表面をゆっくりとなぞる」。work は「ゆっくり動かす」 ということ (p.147 注⓫参照)。この over は表面の感触を味わう感じ (p.148 注❹参照)。

❸ You just keep...：You 付きの命令文。用法の 1 つに、久野・高見(2013: 第 2 章) が指摘する通り、立場が上の話し手が聞き手を優しくいたわっている感じを出 すというものがある。例：Now **you** just calm down and tell me all about it「まあちょっと落ち着いて、何があったか全部話してごらん」(久野・高見 2013: 20)。この用法では You just ... というように just (→ pp.52–55) が 入ることも多い。今回は親という立場が上の話し手が、手伝おうかと言ってく れた子どもに対して、そんな大変なことはしなくて大丈夫、ただ your brother と一緒にいてくれさえすれば十分だ、といたわっているわけである。

❹ keep your brother company：[keep 人 company]「(退屈する／寂しくな

160

部を鍋のなかにつっこんでゆっくりマトケをフォークでいじって、それが大変でうなるような声をあげた。手伝おうか？　ときいたけど、お母さんは首を横に振ってこっちに背中をむけた。いまはお兄ちゃんと一緒にいてあげて、と言われた。お兄ちゃん、あなたに会いたがってた。お母さんは棚から大きなボウルを取ると、スープと、熱でくたくたになった野菜をすくって、そのべたべたのかたまりに、ひとにぎりの塩をふった。お兄ちゃんは辛いのがいつもあんまり好きじゃなかったけど——と言いながら青唐辛子も入れた。それから、両腕にかかえた皿たちのバランスをとりながら、わたしとお兄ちゃんのほうに振り返った。あら、とお母さんは言った。お兄ちゃんどこ行った？わたしはとなりの、引っぱり出しておいた椅子を見た。お母さんが歩いてきて、ボウルふたつとマグカップを並べ、ペーパータオルを一枚、スプーンの

るといけないから）〈人〉と一緒にいてあげる」。

❺ for now: ［未来を表す文＋ for now］「これからしばらくの間…」。

❻ ladled in broth and heat-drunk vegetables: 「ladle することによって、broth and heat-drunk vegetables を in な状態にする」の ladled broth and heat-drunk vegetables in の目的語 broth and heat-drunk vegetables が（おそらく長いため）後ろに回った形。ladle は「お玉でよそう」。

❼ heat-drunk: wine-drunk は「ワインを飲んで酔っ払った」、sun-drunk は「太陽を浴びすぎて頭がくらくらしている」。heat-drunk は「熱を受けすぎて、シャキッとした感じがなくなった」。

❽ sprinkled a palmful of salt over the sticky mound: ［sprinkle 調味料 over 食べ物］「〈調味料〉を〈食べ物〉に振りかける」は料理の文脈でよく用いられる表現（野中 2017）。もちろんこの over には表面の感触を味わうニュアンスはない。

❾ vessel:「容器、器（水差し・壺・鉢・瓶・鍋・皿など）」（『リーダーズ』s.v. vessel）。

❿ turned around to face me and my brother: ［クルッと向きを変える（変えさせる）系動詞 to face X］「クルッと向きを変えて X の方を向く（向かせる）」はよくある言い回し。例：He tapped a computer key, then **swiveled** his laptop **to face** me again.（［短編小説］Doug Allyn, "30 and Out"）「キーを叩き、ノートパソコンをクルッと回して再び私に見せた」。

⓫ walked over: この over は「話し手の側へ」（p.154 注❹参照）。

❶folding a sheet of paper towel under the spoon. Steam curled up around the empty chair, thick with oil and salt. Just as the plate had **❷**sat seven years ago when we waited for my brother to come home from school, the spoon untouched, the napkin to be folded
5 up and placed back in the cutlery drawer, though **❸**the food would be left out all night. In the morning we had found bugs **❹**feasting on the corn, an upturned fly floating in the orange grease, its belly swollen, glutted. **❺**Later we would learn that some of the boys had **❻**challenged my brother to prove that he had swum across
10 the world, leading him down to the creek after school. **❼**If only he had mentioned the airplane, or the boat, or even the life jackets. My mother sat down in the chair across from the brimming bowls, wiped her wet fingers across her stomach. Never mind, she said. He'll be back any day now. We'll just leave this out until morning.

---

❶ folding a sheet of paper towel under the spoon: [fold X under Y]「X を折りたたんで Y の下に入れる」例：**fold** one's legs **under** oneself「ひざを折って座る」(『ランダムハウス』s.v. *fold*)。

❷ sat: 単に「そこにある」ということを表すのに sit が用いられると「使われていない」というニュアンスを伴うのに対して、stand だと「これから使われようとしている」という感じが出る (The glass is sitting on the table は使われていないグラスの話なのに対して、standing だと、これから飲むグラスの話になる) という指摘がある (長嶋 1979)。これが正しいとすると、今回の sitting は「my brother がその plate に手を付けることはなかった」という事実と悲しく響き合っていることになる。

❸ the food would be left out all night: [leave X out]「X を外に出したまま放置する」。ナプキンが片付けられたのとは対照的。この would は p.159 の注❻の用法。

❹ feasting on the corn: [feast on X]「X を (宴会のように) 楽しんでたくさん食べる」。feast は「宴会」という名詞用法も持つが、このフレーズでは「食べる」の意の動詞として働く。ただし「宴会のように」というふうに食べ方の指定が入っ

下に折りこんだ。だれも座ってない席に巻きつくみたいに湯気がのぼった。油と塩が濃い。七年前に皿が置かれていたときと同じだ。そうやってお母さんとわたしは、お兄ちゃんが学校から帰ってくるのを待ってた。スプーンは手つかず。食べ物は一晩じゅう置いたままだったけど、ナプキンはたたんでフォークとかの引き出しに戻された。朝起きて見ると、虫たちがトウモロコシでパーティーを開いてて、オレンジ色の油のなかにひっくり返ったハエが浮かんでた。食べすぎで、腹がふくらんでた。その後、わたしたちが知ったところ、何人かの男の子たちが、放課後、お兄ちゃんを小さな川に連れ出し、世界を泳いで渡ってきた証拠を見せろと挑発したらしい。飛行機とか、ボートとか、せめてライフジャケットの話をお兄ちゃんがしてたら。なみなみ注がれたボウルが並ぶむこうにお母さんが座った。ぬれた指をお腹でぬぐった。べつにいいわ、とお母さんは言った。そのうち帰ってくるでしょ。朝まで置いときましょう。

ていることがポイント。[munch on X]「X をむしゃむしゃ食べる」、[pig out on X]「X をバカ食いする」などの言い回しでも、やはり munch や pig の部分が食べ方の情報を担っている。

❺ Later we would: p.159 の注❻とほぼ全く同じ形。

❻ challenged my brother to prove: [challenge 人 to V]「〈人〉に V できるものならやってみろとけしかける」。

❼ If only he had mentioned the airplane, or the boat, or even the life jackets: [If only SV 過去 (完了)] は「S が V してくれさえすればなあ」の意で、[I wish SV 過去 (完了)] とほぼ同じ。今回も I wish he had mentioned the airplane, or the boat, or even the life jackets と理解してよい。語り手が言いたいのは「recount story after story するときに We swam here だなんて言わないで、飛行機とか船とか使ったって言ってくれれば、じゃあ泳いで渡ってみせろよなんて言われずに済んだのに。We swam here と言うにしたって、救命胴衣つけてたと言っていれば、こんな目には遭わなかったろうに」ということ。

翻訳の視点から

☞ 声を聞く→決める①：語り手編

　この作品を訳す上で一番悩むのは、一人称の語り手をどんな声にするか、だろう。一人称小説ならばほとんど常につきまとい、文芸翻訳一般で避けて通れない問題だ。「問題」と書いてみたが、翻訳する上で一番楽しい悩みでもある。ここでは年齢とジェンダーに絞って考えてみよう。

　年齢については、「7年前に小学6年生くらいの兄がいた」という設定なので、語り手はまだ大人ではないと思われる。それは、簡単な語彙しか使われていない点からもうかがえる。そのため、日本語訳も大人びた感じにはしたくない。

　ジェンダーについては決め手に欠けそうだ。兄に貸す服もジェンダーフリーなので、男女いずれでも話の筋は通る。この場合、①男女どちらでもありそうな声にする、②男女どちらかに「決め打ち」する、という2つの方策が理屈としては考えられる。が、①で生き生きした声にすることが私（今井）にはできず、②をとることにした[1]。こうした際は作家のジェンダーに揃えるというのが一種の「定石」なので、女の子っぽく「わたし」という一人称にしてみたが、別にそれが「正解」だと思っているわけではない。原文からどんな声が聞こえてくるか、ぜひ耳を澄ましてほしい。

☞ 声を聞く→決める②：ほかの登場人物編

　この作品には語り手以外の登場人物たちの台詞も描かれる。ここで確認しておくと、本作での台詞の引用のされ方は、あまり見かけない表記に思われ

1　決め手に欠けるがあえて「決め打ち」するという判断は、p.160 の She had her arm nearly all the way into one of them（ほとんど右腕全部を鍋のなかにつっこんで）でも下している。単数形 arm が使われているので左右いずれか一方の腕であることは間違いないが、「片腕全部」では訳として少しぎこちないので、右利きの方が多いという一般論にしたがって「右腕全部」と訳してみた。

るかもしれない。最初に母親との会話が描かれる部分を再掲しよう。

He's home, she said. Who? Your brother.

おそらく、一番よく見かける書き方は、次のようなかたちだろう。

"He's home," she said.

"Who?"

"Your brother."

要は、引用符でくくってもいいような各登場人物のことばが、引用符でくくられることなく本作では表記されているわけだ。

　上で提示した２つの表記を比べてみると、おそらく後者のほうが「わかりやすい」のだが、その「わかりやすさ」は、語り手以外の第三者が俯瞰して整理しているためのように思われないだろうか？　誰かが「これは○○の台詞だから引用符に入れて……」などと操作してくれている感じである。これに対し前者——つまりこの作品——の表記は、ずっと語り手の視点＝声でありながら、かつ、母親の声も聞こえてくるような書き方である。複数の人物が登場する落語を思い浮かべるといいかもしれない。語り手は様々な人物になりきって語るのだ。後者は、それに比せば、母と娘の双方をカメラに収めて撮影している映画やテレビドラマのようである。カメラという第三者が枠づけてくれるがゆえ、後者の方が「わかりやすい」わけだが、語り手の声が生き生きと伝わってくるのは前者だろう。

　前項で、「語り手はまだ大人ではないと思われる」と書いたが、それにしてもどこか幼い感じがするとしたら、こうして当時の人々になりきって語るために、語り手の視点が「当時を振り返っている」というより「当時に戻っている」という面もあるだろう。こうして色々な人に「憑依」するような他者理解のありようは、「死んだお兄ちゃんが帰ってきた」という母親のことばを受け入れる姿勢を象徴していると思われる。前段落の比喩を敷衍すれば、

客観的視点をカメラとする映像の場合、死んだ兄という虚構は映せない。しかし、落語家のごとく様々な登場人物に憑依できる語り手のカメラは、死んだ兄を「現実」と考える母の視点にも寄り添って死んだ兄を映し出せるし、そんな兄にも憑依できるのだ。

　そんなわけで、日本語訳ではわかりやすく発話をカギ括弧でくくって訳すという手もないわけではないが、原文通りそうした整理はしなかった。また、上手くいったかはさておき、なるべく各登場人物の声が聞こえてほしいという思いをもって訳した。原文に響く多くの声をぜひ聞いてほしい。

☞Matokeをどう処理するか?
——foreignization と domestication　その2

　第4章の「翻訳の視点から」で foreignization と domestication について紹介したが、今回の作品では matoke の処理にこの問題があらわれる。わかりやすさを求めれば、一種の domestication を施して「食用バナナ」などと訳すことになる。だが、ウガンダを含む東アフリカならではのことばであり、そうした文化をあえてわかりやすく（というか誇張して）「ほら話」にした悲劇が作品の主題であることに鑑み（→「本文解説」）、今回は「マトケ」とそのまま音訳した。インターネットで検索すればすぐに写真も見つかる昨今、こうしたちょっとしたことをきっかけに、他者理解が深まることを願っている。

文法解説〜英語をさらに深く理解する

☞疑問文中の even ——————————————— p.154 注❸

　疑問文中の even。これが実にトリッキーである。その前にまずは、「evenといえばこれ」と多くの学習者が思ってくれそうな用法から確認しておこう。

(1)[状況説明] 飼い主を失い野良犬となった Mr. Bones は、自分を拾いダニ

を取ってくれた Alice とその母親に感謝している。

Mr. Bones was so relieved by what they were doing for him that he **even** let Alice's next remark pass by without protest. He knew the insult was unintentional, but that didn't mean he wasn't hurt by it.

（［小説］Paul Auster, *Timbuktu*）

おかげで心底楽になったものだから、アリスの次の発言も、意図した侮辱ではないのだからと、文句も言わずに聞き流すことにした。それでもやはり、傷つかずにはいられなかったけれど。 （柴田元幸（訳）『ティンブクトゥ』）

Alice はこの犬の名前を Sparky にしようと発言した。Sparky なんて、Mr. Bones にとっては「キュートぶった、赤ん坊みたいなニックネーム」（柴田訳の別の箇所より）で、我慢ならない。しかし Mr. Bones は let Alice's next remark pass by without protest（アリスの次の発言も［…］文句も言わずに聞き流）した。感謝のあまり、普段だったらできないはずの let ... という極端に寛大なことができたのだ。ここでの even は、事態を「普通なら起こらない極端な事態」として描き出す働きをしている[2]。

　それでは、以下の例ではどうだろうか。上の例と同じように even の直後にある動詞句の内容を「普通なら起こらない極端な事態」として描き出す働きをしていると言えるだろうか。

(2) **［状況説明］** Jesse と双子の息子 Nicky & Alex の会話。

Jesse:	You guys excited about Mother's Day?
Nicky & Alex:	Yeah.
Jesse:	Do you **even** know what Mother's Day is?
Nicky & Alex:	No.　　　　　　　　　（［ドラマ］*Full House*, S7E22）

ジェシー：	母の日、楽しみか？
双子：	うん。

2　この例では even が so ... (that) ～ とともに用いられているが、so ... (that) ～ もまた極端さを意味する表現である。→4章「文法解説」pp.96-100

> ジェシー： 　そもそも母の日って何か、知ってるか？
>
> 双子： 　知らない。

(3) **[状況説明]** 姉 Bridget の厚化粧の様子を録画したビデオを見ている Rory のセリフ。

Look at all that stuff. Bridget, do you **even** have a face?

（［ドラマ］*8 Simple Rules*, S1E21）

何なんだよ、この量。姉ちゃんってさ、そもそも顔あるの？

(4) **[状況説明]** 恋愛経験豊富な姉の Bridget が、うぶな妹 Kerry のデートを馬鹿にしている。

Bridget:	Did he make a move?
Kerry:	No.
Bridget:	Did he try and kiss you?
Kerry:	No.
Bridget:	Did he hug you real tight?
Kerry:	No.
Bridget:	Kerry, are you sure you had a date?
Kerry:	Bridget!
Bridget:	OK, did you **even** hold hands?

（［ドラマ］*8 Simple Rules*, S1E9）

> ブリジット： 　彼に言い寄られた？
> ケリー： 　言い寄られなかった。
> ブリジット： 　キスしようとしてきた？
> ケリー： 　してこなかった。
> ブリジット： 　ギュッってされた？
> ケリー： 　されなかった。
> ブリジット： 　ケリー、本当にデートしたの？
> ケリー： 　もう、お姉ちゃん！
> ブリジット： 　じゃあ、手ぐらいは握った？

(5) Michael: 　But you're the best salesman, on the inside.

Phyllis:　　　What does that **even** mean?　（［ドラマ］*The Office*, S7E21）

マイケル：　　いや、お前は最高のセールスマンだよ、内面的に。
フィリス：　　まずどういう意味それ。

(6) **［状況説明］** Leonard は、気になる女の子から言われた "there is someone out there who is just right for you" ということばの意味について Sheldon に相談したところ、ハンバーガーがどうのこうのというまるで関係ない返答が返ってきたので、次のように言う。

Are you **even** listening to me?　　（［ドラマ］*The Big Bang Theory*, S1E5）

そもそもちゃんと聞いてる？　俺の話。

(4)を例に取ると、evenがあることによって手を握る行為が極端な行為として描き出されている——「手を握るなんてすごいことまでした？」——というのはいかにもおかしな解釈である。キスをしたかどうかをサラッと聞いた後であることを考えると、そのような意味でevenと言っているとは考えにくい。(6)も「話を聞くなんていう極端なことをしてくれている？」と言っているのではない。

　実はこうした疑問文中の even は、疑問の中身のどこかにかかっているのではなく、表現されていない「私があなたに質問する」にかかっているのである。「極端に基本的、初歩的、根本的なことを質問してしまうけど」「こんな基本的、初歩的、根本的なことさえ疑問なんだけど」ということである。たとえば (6) の Are you **even** listening to me? は I **even** ask this: Are you listening to me?「極端に根本的な質問をするけど、俺の話聞いてる？」ということである（逆説的な言い方をしてよければ、Are you **even** ...? という疑問文中の even は、Are you ...? という疑問文の外に出ている）。日本語では「そもそも」という表現を使って質問するところだろう。(2) の Do you know...?、(3) の Do you have a face?、(4) の Did you hold hands?、(5) の What does that mean? も、極端に基本的、初歩的、根本的なことを質問して

いる。疑問文中の even が表しているのはこうした極端さなのである。

なお、(5) の [What does that even mean?] と (6) の [Are you even listening to me?] はこれ全体でよくある言い回しで、母語話者であれば丸ごと覚えているようなものである。疑問文中の even は「こんな基本的なことさえ疑問だ」という意味を表す、という抽象的な知識も重要だが、これによって説明される具体的なフレーズも覚えておくと（特にそれが高頻度なものである場合には）滞りない言語運用を行うのに役立つ。

☞ (just) like that ——————————————— p.155 注❽

口語的な文体で [(just) like that] というフレーズが出てくると、「そんなふうに」や「それとそっくりに」というふうに解釈するとおかしいことが案外多い。実は [(just) like that] にはプロセスの簡単さ、手軽さ、スムーズさ、速さを強調するイディオム的な用法があるのだ。訳の候補には「（そんなふうに）いとも簡単に、（そんなふうに）なんてことはないという感じで、（こんなふうに）あっという間に」などがある。実例を見てみよう。

(7) Nelson:　　Then let's go for a ride.

　　Blade:　　Right now? **Just like that**?

　　Nelson:　　I'm a spur-of-the-moment guy.

（［アニメ］ *Batman Beyond*, S1E4）

ネルソン：　　それじゃドライブに行こう。

ブレイド：　　今？　え、そんなフツーな感じで言う？

ネルソン：　　俺はその場の勢いで行動するタイプなのさ。

(8) **［状況説明］** 昔の automat（『リーダーズ』のことばを借りれば、自動販売式のカフェテリアのこと）の説明。

[...] once you had chosen your ham-and-cheese sandwich or slice of pound cake, you would insert the appropriate number of nickels into the slot and the window would open, and **just like that** the sandwich was yours [...]

（［小説］Paul Auster, *4 3 2 1*）

[...] ハムチーズ・サンドイッチを食べようとかパウンドケーキを一切れ頼もうとか決めたら、すぐに然るべき枚数の5セント硬貨を投入口に入れる。窓が開く。そうしてあっという間にサンドイッチが自分の手元にやって来るのだ [...]

(7) の Blade は、Nelson にまるで「じゃ、コンビニ行こう」ぐらいの感じで「じゃ、ドライブ行こう」と言われている。Nelson はあたかもドライブという行為を「なんてことのない行為」と認識しているようである。Blade はこの「なんてことない」性に驚き、Just like that? と反応しているわけである。ここでの that は、相手の発言に隠れている「なんてことない」性を表に押し出して、疑問・驚きの対象にしているわけである。(8) では、食べ物を得るまでの時間の短さ、お手軽さを強調するために [just like that] という表現が用いられている。ここでの that は、「注文を決める→硬貨を入れる→窓が開く」という記述で暗に示唆されている速さ、手軽さを表舞台に引っ張り出す働きをしている。

　この (just) like that は、指パッチンをしながら発話することがよくある。

(9) **[状況説明]** 話し手（母親）は見ず知らずの聞き手（中年男性）が息子 Marcus（12 歳）と仲良くしていたことを不気味に思い、憤りを感じている。怒りをぶつけると聞き手は「もう Marcus とは会わない」と言い出したので、次のように返す。

So that's it, is it? You're just ... out of his life, **like that**.

（［映画］*About a Boy*）

へえ、これではいおしまいってわけ。マーカスの人生からスッと身を引いて、はいおしまいってわけ。

(10) **[状況説明]** 魔女 Samantha（本物のサンタクロースと知り合い）と人間の少年 Michael（サンタクロースの存在を信用していない）との会話。

Samantha:　I can take you to the North Pole to see him.

Michael: The North Pole?!

Samantha: Mmm. **Like that**, practically. ［ドラマ］*Bewitched*, S1E15)

サマンサ： 北極に連れて行ってサンタさんに会わせてあげることもできるわよ。
マイケル： 北極!?
サマンサ： そう。ほとんど一瞬よ。

話し手は、(9) では just を発音した直後に、(10) では that を発音すると同時に、指をパチンと鳴らす。以下の例では、下線部で、指パッチンをしたところが描写されている。

(11) **［状況説明］**Sully が息子と風呂に入っている。Sully は元パイロットで、墜落寸前の飛行機から脱出したことがある。

"So you didn't say good-bye."

"I couldn't."

"How come?"

"It happens too fast. It happens **just like that**."

Sully removed his hand from the tub and <u>snapped his soapy fingers</u>.

（［小説］Mitch Albom, *The First Phone Call from Heaven*）

「じゃあパパは飛行機さんにさよなら言わなかったの」
「言えなかったな」
「どうして」
「あっという間の出来事なんだよ。一瞬の出来事なんだ」
サリーはバスタブから手を出して、石鹸だらけの指をパチンと鳴らした。

(12) **［状況説明］**Red と Nancy のやりとり。ややこしいことに、Red は Nancy のことを（その赤毛に注目して）Red と呼んでいる。

Nancy's face softened with pity. "You were in a hospital?"

"Three months, Red, in Liverpool, without a friend or a relative in this world to come see me, or even send me a get-well card." He [=Red] grew wistful. "Funny, Red—I never realized how lonely I was, till I had to lie down and stay down, till I knew I couldn't ever go to sea again." He licked his lips. "Changed me, Red, **like that**." <u>He snapped his fingers.</u>

（［短編小説］Kurt Vonnegut, "Hello, Red"）

ナンシーは哀れみから穏やかな表情を見せた。「入院してたの？」

「3ヶ月だよ、レッド。リバプールでね。まさかお見舞いに来てくれる友だちや身内がこの世に1人もいないなんてね。お見舞いの手紙だって来なかったよ」。彼は物寂しい気持ちになってきた。「おかしなもんだよなあ、レッド。自分がいかに孤独かわかってなかったなんて。寝たきりの生活になってもう海に出ることはできないってことになって、はじめてわかったよ」。そう言って唇を舐めた。「俺はなあ、レッド。今回のことで変わったんだ。一瞬でクルッと180度」。彼は指をパチンと鳴らした。

こうした指パッチン付き [(just) like that] では、that は何かを指しているわけではないと解釈することもできれば、自分の指パッチン行為を指していると解釈することもできる。指パッチンは簡単に、なめらかに、素早くできる行為だからだ（……と言いつつ「そんなに簡単か？」という気もするが）。

　自分がしている行為や自分が持っているものなどを指すのは that ではなく this だろう、と思うかもしれない。ここに英語学習のさらなるチャンスが眠っている。歯医者に痛い歯を指して「この歯です」と言いたいとき、英語ではなんと言うだろうか。"It's *this* one." とも "It's *that* one." とも言うことができ、that を使うと聞き手（歯医者）の視点に入り込んで喋っている感じになるという指摘がある（Fillmore 1997: 123）。日本語では自分で自分の歯を指差しているなら、「この歯です」のみが OK で、「あの歯です」とか「その歯です」とかは変だろう。以下は実例。

(13) Mickey:　　Oh, excuse me, Mr. Tanner, you got a little soy sauce on your lip.

　　Danny:　　**That**'s a mustache.　　（［ドラマ］*Full House*, S7E14）

ミッキー：　すみません、タナーさん、口にちょっと醤油ついてますよ。
ダニー：　　これ口ひげなんだけど。

(14) **[状況説明]** 聞き手に渡すプレゼントを足元に置いてのセリフ。

> I bought **that** for you.　　　　　　（［映画］*Tenacious D in the Pick of Destiny*）
>
> これ、お前にあげようと思って買った。

相手から見たら that なので、相手目線に立って発話すると that になるわけである。指パッチンも、聞き手から見たら that の位置で起こる出来事なので、聞き手の目線に立つと that になる。

☞**結果構文** ———————————————————— p.157 注❼

英語には結果構文と呼ばれる構文がある。国内外の言語学者から長年にわたってそれはもう可愛がられてきた。次のような例文は、まあ、可愛く見えないかもしれない。

(15) I made a guitar and **painted it red.**　　　　　(*COBUILD*, s.v. *paint*)

　　　僕はギターを作って、それを赤く塗った。

分析的に言えば、painted it red の部分には2つの意味関係が隠れている。それは it と paint の間にある「it を paint した」という意味関係と、it と red の間にある「その結果として it が red になった」という意味関係である。「it を paint して、その結果として it が red になった」。ますます可愛く見えなくなってしまったかもしれない。

　可愛くなってくるのはここからだ。次の実例を見てほしい。

(16) a. Come on, Brady. I gotta **walk this stuff off**.

　　　　　　　　　　　　　　　　　（［ドラマ］*Columbo*, Episode 53）

　　　来い、ブレイディー。この飯の腹ごなしをするぞ。

　　b.［**状況説明**］マンションから飛び降り自殺をしようとしている人を見上げて、通行人が言うセリフ。

　　　Somebody needs to **talk him down**.　　　　（［映画］*Yes Man*）

誰か説得して下ろさないと大変。

なんとこの構文は walk や talk といった自動詞でも使えるのである！　walk や talk は自動詞なので、「this stuff を walk して」「him を talk して」とは言いづらい（というか意味がよくわからない）。そこで、こう考えてみてはどうか。「{walk / talk} という行為によって {this stuff / him} に働きかけて」。これなら十分に意味が通る。さらに働きかけの結果どうなるのかという部分まで含めてちゃんと言語化すれば、(16a) の太字部分は「walk という行為によって this stuff（お腹の中の食べ物）に働きかけて、その結果として this stuff が off な（消化された）状態になる」の意、(16b) の太字部分は「talk という行為によって him に働きかけて、その結果として him が down な状態になる」の意を表す、ということになる。

　(15) の「it を paint して、その結果として it が red になった」も、これに合わせて、「paint という行為によって it に働きかけて、その結果として it が red になった」と考えることができる。こう考えれば、(15) も (16) も同じように（統一的に）理解することができる。まとめると、結果構文とは［V X Y］で「V という行為によって X に働きかけ、その結果として X が Y な状態になる」という意味を伝達する構文だということになる。

　「なんて便利な構文だ！　V、X、Y のスロットに好きなものを入れてなんでも表現できるぞ」と思ったかもしれない。ちょっと待ってほしい。実は、2000 年以降の研究で（たとえば Boas 2003）、母語話者がコミュニケーションの現場で使っている知識は［V X Y］よりももっと具体的であるということがわかってきているのだ。たとえば上で見た［paint もの 色］、［walk 食べたもの off］、［talk 人 down］はすべて定着した慣習的なパターンであり、母語話者であれば聞き覚えたっぷりの代物なのである。

　［V X Y］の Y が open になった［V X open］も実によく出会う。［pry X open］「X をこじ開ける」、［tear X open］「びりっと破いて X を開ける」、［flip X open］「X をぱかっと開ける」、［crack X open］「殻を割って X を開ける」

などは丸ごと覚えて使っている話者がほとんどだろう。これら open のパター
ンは（特にXが長い場合に）頻繁に［pry open X］や［tear open X］といっ
た語順を取る。"Fish Stories" で Janika Oza が利用した知識も［V X Y］など
という抽象的な知識ではなく、［crack X open］／［crack open X］という具
体的な知識だろう。crack open its skull は［V X Y］のV、X、Yのスロット
に好きなものを入れてたまたまできた表現ではないのである。

　結果構文は、身体部位がもげてしまうという意味を表すことを介して誇張
を達成するイディオムにもよく用いられる。たとえば［work one's ass off］
と言えば「おしりが取れちゃうほど働く」ということであるが、誇張的に「死
ぬほど働く」の意を伝達する。［laugh one's head off］は頭部がもげてしま
うほど笑う、笑い転げるということ。次のマンガの1コマは、「上司」のよ
くあるタイプのうちの1つを描いたものである。

（人質を取るタイプ：部下を狭い小部屋に閉じ込めて、マシンガントーク）
Scott Adams, *The Dilbert Principle*

絵の方は、聞いている人の耳をふっとばすほど喋る［talk one's ear(s) off］（単
数形の方が慣習的）を文字通り解釈してみせている[4]。

3　cubicle とは、広いスペースを仕切り板で区切って作った仕事用の小部屋のことで、
　一般会社員の日常のツラさの象徴。仕事を辞めて自由になることを促すスローガン

定着したパターンやイディオムを結局一個一個覚えないといけないなん
て、結果構文は面倒くさい！　全然可愛くない！　……そんな声も聞こえて
きそうだ。しかし、具体的な表現をひとつひとつ可愛がられるような心持ちで
言語と向き合うことが、滞りない言語運用を可能にしたり、言語の学習を長
続きさせたりするために決定的に重要であるように私には思われる[5]。

　　　としての Get out of your cubicle! はもはや定番。
4　「結果構文」の中でもこうしたイディオムのパターンは「body part off 構文」とい
　　うように独立の名前を与えられており、1 つの研究領域を形成している。
5　研究者によっては、使える範囲の広さこそ結果構文の面白さだと見る向きもあり、
　　それはそれで完全に理解可能な見方であるが、かといってどんなに斬新に見える例
　　であっても［V X Y］ほど抽象的な知識が利用されているわけではないということが、
　　ここでのポイントである。

本文解説 ｜ 内容をじっくり考えるヒント

英語文学と 「移民」

　特に最近の英語文学を考えるうえでは――とはいえ、実は取り立てて
最近の現象でもないのだが――、広い意味での移民作家の存在を無視す
るわけにはいかない。ここで言う広義の「移民」とは、移民本人はもち
ろん、子供の世代を含み（いわゆる「二世」や「三世」）、もっと言えば、
物理的には移動していなくても、執筆言語として非母語を選択する「言
語的移民」もあえて加えておきたい。英語が事実上の「世界共通語」と
いう強大な覇権を握っている以上、経済的思惑のみならず、あえて英語
を選ぶ書き手は今後も増えるだろう。英語の覇権に挑戦しそれを打ち崩
す活動も大切だが、たとえば、今まさに何かしらの暴力をこうむってい
る人々が、その現状を世界に知らしめようとすれば、英語での発信が
「手っ取り早い」はずだ。
　こうして英語文学が多様化しているさまは、過去 1 年間に発表され
た優れた短篇を集成する *The Best American Short Stories* と *The Best
Short Stories* という 2 冊のアンソロジーの目次を見るだけでも、一目瞭

然である。前者の対象は、アメリカ合衆国かカナダ在住の作家による英語の短篇、つまりどこの「市民」による作品かという制限があるにもかかわらず、さまざまなエスニシティの書き手を所収している。後者は、北アメリカの文芸誌に英語で掲載された短篇、したがって英訳された作品を含むゆえ、さらなる多様化が進んでいる。仮に英語原文の作品に限っても、やはり種々のエスニシティの作家が見られる。

　ここに掲載した Janika Oza の "Fish Stories" は、*The Best Short Stories 2022* に所収された、もともと英語で書かれている作品だ。エスニシティをあまり積極的には公言していない作家なので詮索は失礼千万だが、トロントを拠点とする彼女は、姓から判断するに南アジア系だろうか。無論、作家と作中人物を同一視する必要はなく、短篇中にある Uganda ということばなどをとりあえず真に受ければ、一家はアフリカからカナダなどの先進国にやって来た移民だと思われる[1]。

　上では、広い意味での移民作家たちを、「英語文学の多様化」というポジティヴな文脈に置いてみたものの、残念ながら移民への風当たりは強いのも現実だ。本作では子供によるひやかし――というか実態は「いじめ」――として描かれるそれは、言ってしまえば移民への差別感情の発露にほかならない。そんななか「お兄ちゃん」は、タイトルとなっている「ほら話」で子供たちの歓心を買い、語り手を、そしておそらくは自分自身のことを守る。「面白い話で生き延びようとする」という図式だけ見れば、ほら話をするお兄ちゃんは『千夜一夜物語』のシェヘラザードにも重なる（女性不信の王は、生娘と一晩を過ごすと、翌朝にはその娘の首を刎ねた。だがシェヘラザードは面白い話を聞かせては、続きは明日と繰り返して生き延びた）。とはいえ、ふたりの最大の相違は、お兄ちゃんは自分のほら話――アフリカから泳いできた――を証明しろと迫られ、命を落としてしまう点だ。子供たちは移民という他者に憎悪を感じるとともに、ほら話のすごさに羨望も抱く。この両極端の感情を指して、語り手は jealousy という語を当てるのだろう。

　いささか専門的なことばを使えば、こうした西洋人のまなざしは、Edward Said が論じた「オリエンタリズム」の拡大として説明できる。

1　Oza の第一長篇 *A History of Burning*（2023）では、1898 年にインドから東アフリカへ移った第 1 世代、かくしてウガンダで暮らす第 2 世代、やがて再びウガンダを離れカナダなどで暮らすことになる第 3 世代……といった人物たちが描かれている。これを自伝的と捉えれば "Fish Stories" も自伝的と読めそうではある。

批評用語としてのオリエンタリズムとは、西洋人が東洋に寄せる「異国趣味」の知的枠組みを指す。一方では野蛮といった形容に見られるように「嫌悪」され、一方では西洋にはない価値の源泉として「礼賛」され、いずれにせよ現実をそのまま受け入れるというより、「東洋とはこういうものだ」と（勝手に）属性を固定してしまって押しつける差別的なまなざしが注がれる。これら「嫌悪」と「礼賛」という対立物の接続が「嫉妬」となり、この短篇のお兄ちゃんを水底まで追いつめたといえそうだ。この点、お兄ちゃんのほら話が、ウガンダの生の現実ではなく、いかにも西洋人が喜びそうな、いわばセルフオリエンタライズされた物語であることは重要だろう。もちろん、お兄ちゃんは自業自得だったと言いたいのでは断じてない。このほら話がすべて Yes で始まっているとおり、彼は周囲の人々の期待に応えなければならなかったのだから[2]。

　お兄ちゃんと周囲の子供との関係が「期待の押しつけ」であるとすれば、それと対照的な関係にあるのが、本作のもうひとつの「ほら話」というべき、語り手と母親とのあいだの、「死んだお兄ちゃんが帰ってきた」

2　さらに話を広げて、本作の水のシンボリズムについても考えておこう。この作品のタイトルは、本章の扉に書いたとおり、「ほら話」を意味する慣用表現 fish story からとられている。慣用表現なので「fish 魚」が字義通りの意味で使われているわけではないが、本作を最後まで読んで振り返れば、「魚のように泳げると語／騙った話」という文字通りの fish stories のせいで命を落としてしまう、という皮肉な響きがしてくる。

　同じような話が drown という単語にも言える。本作でこの語は2回使われ、1度目は第3段落の冒頭（p.148）、まさに兄が「溺れ死ぬ」の意で使われている。もう1回はその次の段落で drown out（音をかき消す）の形で出てくる（p.154）。drown out はふつう「溺れる」といったイメージを喚起しない表現だが、タイトルの fish や直前に描かれる溺死とあいまって、こちらの drown にも「溺れる」という眠った比喩が呼び起こされる。拙訳ではそのイメージを出すべく、drown out を「しずめ」ると訳してみた（p.155）。結末まで読んで振り返れば、「周囲の子供の声を drown out しようとした兄が drown してしまう」という皮肉がやはり見え隠れする。

　ところで、溺死を「息ができなくなる死」とあえて換言すれば、作品冒頭から「におい」という空気に関連する感覚で始まるのは、死者と水のつながりと対照的である。本作でにおいと並んで多く描かれるのは音だ。少し深読みして、これらの音も空気を伝わって聞こえてくる点に注目すれば、「溺れる」と「音をかき消す」の両方をつなぐ drown という語は、きわめて象徴的な役割を担っていると思われてくる。美味しそうなにおいと賑やかな音に溢れた家のなかでは、だれも溺れることがない。

というフィクションである。もちろん、わが子を失った悲しみに暮れる母親に寄り添えば、死んだ息子が帰ってきた気がするというのは、ひとつの「現実」である。ただし語り手はそれを初めのうちは面と向かって否定もしているとおり、フィクション≒「ほら話」として冷静に受け取っている。だが語り手は、やがて否定のことばを発することもなくなり、ましてや、嘘じゃないことを証明しろと母親に迫ることなどない。母親がつらい現実を受け入れるために語る「ほら話」をそのまま受け入れる語り手のような態度をみながとっていれば、お兄ちゃんが溺れ死ぬこともなかったはずだ。

　これら2つのほら話を両極に据えてみると、この短篇は、移民による英語文学の困難の寓話としても読める。さまざまな背景をもつ書き手が増えれば英語文学が多様になるという考えは、作家たちが語る現実をそのまま受け入れるまなざしの存在が前提となる。だが読者とは残酷なもので、お兄ちゃんに「ほら話」を強制したように、結局は自分の読みたい「現実」しか受けつけないものではあるまいか。とすれば、移民を特筆すべき存在としてしまう視座そのものに、移民には移民らしい話を書いてほしいという「期待」が潜み、たいていの人間がそうであるような「ふつうの物語」を語る機会を、移民から奪う危険が宿っている。「広い意味での移民作家の存在を無視するわけにはいかない」という本解説の書き出しこそが、袋小路の入口なのである。

7

Jonathan Lethem,

"Grief" (2019)

*

ジョナサン・リーセム

「悲嘆」

Jonathan Lethem は *Motherless Brooklyn* (1999) などで知られる小説家（実は p.32（13）で登場している。邦訳では「レセム」表記が一般的）。本作は *The Peanuts Papers* (2019) という書籍に発表された詩。この本は、様々な書き手による、漫画 *Peanuts* に関連する文章を収録した作品集で、ほかには、Umberto Eco による作品批評（もともとはイタリア語版 *Peanuts* への序文として掲載された文章の William Weaver による英訳）や、漫画家 Seth による、*The Complete Peanuts* の表紙デザインにまつわるエッセイなどが掲載されている。

というわけで、この詩も *Peanuts* の世界を歌／謳っているのだが、Lethem はそのために Allen Ginsberg の詩 "Howl" を下敷きにするという、突飛とも思われる手を使っている。ビート・ジェネレーションを代表するこの作品のうち（→ 5 章「本文解説」）、本作と特に関連する箇所をまず pp.182-184 に掲載しているので、ご存じない方はそちらを先に確認してから本作を読んでいただくと面白いだろう。

超絶技巧とも呼ぶべき、凝りに凝った仕掛けを堪能してほしい。

"Howl"

For Carl Solomon

5

I

I saw the best minds of my generation destroyed by madness, starving hysterical naked,

dragging themselves through the negro streets at dawn looking
10   for an angry fix,

angelheaded hipsters burning for the ancient heavenly connection to the starry dynamo in the machinery of night,

who poverty and tatters and hollow-eyed and high sat up smoking in the supernatural darkness of cold-water flats
15   floating across the tops of cities contemplating jazz,

who bared their brains to Heaven under the El and saw Mohammedan angels staggering on tenement roofs illuminated,

who passed through universities with radiant cool eyes
20   hallucinating Arkansas and Blake-light tragedy among the scholars of war,

[...]

suffering Eastern sweats and Tangerian bone-grindings and migraines of China under junk-withdrawal in Newark's
25   bleak furnished room,

who wandered around and around at midnight in the railroad yard wondering where to go, and went, leaving no broken hearts,

吠える（柴田元幸訳）

——カール・ソロモンに

I

ぼくは見た　ぼくの世代の最良の精神たちが　狂気に破壊されたのを　餓
　えてヒステリーで裸で、

わが身を引きずり　ニグロの街並を夜明けに抜けて　怒りの麻薬を探し、

天使の頭をしたヒップスターたちが　夜の機械のなか　星のダイナモへの
　いにしえの天なる繋がりに焦がれ、

貧乏で檻褸でうつろな目でハイで　水しか出ないアパートの超自然の闇で
　煙を喫って夜を過ごし　都市のてっぺんをふわふわ超えながらジャズを
　想い、

高架の下で脳味噌を天にさらし　モハメッドの天使たちがよろよろ　光を
　浴びた長屋の屋上を歩くのを見て、

輝くクールな目で　方々の大学を通り抜け　戦争学者たちのただなか
　アーカンソーと　ブレイクの光の悲劇を幻視し、

［…］

東洋の汗とタンジールの骨挽きと中国の偏頭痛を　ニューアークの寒々し
　い安アパートでヘロイン引きこもりのさなかに思い、

真夜中の操車場をぐるぐるさまよって　どこへ行こうか思案し　いかなる
　傷心も残さずに行き、

[…]

ah, Carl, while you are not safe I am not safe, and now you're
    really in the total animal soup of time—

[…]

5

III

Carl Solomon! I'm with you in Rockland
    where you're madder than I am
I'm with you in Rockland
10   where you must feel very strange
[…]
I'm with you in Rockland
    where you laugh at this invisible humor
I'm with you in Rockland
15   where we are great writers on the same dreadful typewriter
[…]
I'm with you in Rockland
    in my dreams you walk dripping from a sea-journey on the
    highway across America in tears to the door of my cottage in
    the Western night

［…］

ああカール　きみが安全でないかぎりぼくも安全ではない　きみがほんと
　　うに　時の完全な動物スープに浸かっているいま──

［…］

III

カール・ソロモン！　ぼくはあなたとロックランドにいます
　　あなたはそこで　ぼくより狂っている
ぼくはあなたとロックランドにいます
　　あなたはそこで　すごく変な気持ちでいることでしょう

［…］

ぼくはあなたとロックランドにいます
　　あなたはそこで　この見えないユーモアに笑う
ぼくはあなたとロックランドにいます
　　ぼくたちはそこで　同じ最悪のタイプライターを使う偉大な書き手

［…］

ぼくはあなたとロックランドにいます
　　ぼくの夢のなか　あなたは海の旅から帰ってぽたぽた水を垂らし　アメ
　　リカを横断するハイウェイを泣きながら歩いている　西部の夜の　ぼく
　　のコテージの扉に向かって

❶**G**rief

❷For Linus van Pelt

5

I

I saw the children of my neighborhood destroyed by ❸mangle
　　comics, disease comics, and gory comics, ❹aggravating
　　hysterical fussbudgets,

10　dragging themselves through the ❺sarcastic streets at dawn

---

❶ Grief: 1 単語としては「悲嘆」という意味だが、*Peanuts* の文脈でこの単語を
見れば [good grief] という感嘆詞が連想される（/g/ の音の重なりについて
は p.147 注❶も参照）。この感嘆詞は Charlie Brown を筆頭に種々のキャラク
ターがしばしば口にするフレーズで、「驚き・不信・嫌悪などを表わ」し（『リー
ダーズ』s.v. *grief*）、日本語では「やれやれ」と訳されることが多い。と同時
に、good grief をあえて 1 単語ずつ「直訳」してみると「よき悲嘆」となって、
Peanuts の通奏低音とも言うべき、悲しい失敗がもたらすユーモア——叶わぬ
片想い、蹴れないフットボール、勝てない野球の試合、飛ばせない凧あげなど
——を象徴していることばのようにも見える。実際、*Peanuts* の作者 Charles M.
Schulz 自身が公認している唯一の評伝のタイトルも *Good Grief* である（著者
は Rheta Grimsley Johnson）。

❷ For Linus van Pelt: 作品冒頭に「For〈人〉」とあれば献辞（動物などに捧げ
ることもあるのでこの〈人〉は広い意味）。書籍を丸ごと奉じる場合は、本文が
始まる前の扉ページに置かれるのが通例。本作が *Peanuts* 関連の企画で発表さ
れたことは本章の扉で述べたが、ここで Linus van Pelt という名前を見れば、
たいていの読者は *Peanuts* と関連していることに気づくはず。なお、元ネタ
"Howl" は、作者 Ginsberg の友人 Carl Solomon に捧げられている (p. 182,
l.4)。

❸ mangle comics, disease comics, and gory comics: 1952 年 6 月 22 日の
Peanuts への言及。元気のない Charlie Brown が漫画を買いに行った棚には、
おどろおどろしいタイトルの漫画誌が並んでいて、その中に Mangle Comics

悲嘆

——ライナス・ヴァン・ペルトに

I

ぼくは見た　ぼくの近所の子供たちが　切り刻めコミック・病気コミック・
　血みどろコミックに破壊されたのを　ヒステリックで口うるさい連中を
　怒らせて、
わが身を引きずり　皮肉な町を夜明けに抜けて　怒りの模様入りアイスを

とある。これだけだと若干わかりづらいが、他に Kill Komics（新聞コミックの古典たる *Krazy Kat*（→ 5 章「本文解説」）に倣った綴りで「漫画を殺せ」）や Blast Comics（漫画を吹っ飛ばせ）といった題が並んでいることを踏まえれば、Mangle Comics も直訳は「漫画をぶった切れ」。そんな棚を見たチャーリー・ブラウンは What a beautiful gory layout!「何て素晴らしくてむごいレイアウトなんだ！」と歓声をあげるので、本作中の gory comics も本来はこのセリフへの言及。ただし、作中のセリフの通り、実際のチャーリー・ブラウンはこうしたおどろおどろしいコミックにむしろ元気をもらっているので、この詩行全体は必ずしも *Peanuts* を反映しているわけではない。1952 年当時はコミックス・コード（漫画における倫理的な表現規制）制定以前で、暴力や性の描写が蔓延していた。"Howl" の詩行と組み合わせることで、そんな時代の空気をあえて深読みしていると見るのが妥当だろう。

❹ aggravate：「〈人〉を怒らせる、苛立たせる」。fussbudget は「口やかましい人」（『ランダムハウス』）といった意味で、*Peanuts* の世界ではルーシーの形容にしばしば用いられる。ここでは、"Howl" で使われている hysterical(p.182, l.8) と組み合わされることで、ネガティヴな女性ステレオタイプをあえて使っている感じ。

❺ sarcastic streets：「皮肉な町」。"Howl" では negro streets（ニグロの街並）となっている箇所 (p.182, l.9) で、黒人が暮らしている場所を指すと同時に、そこに住む黒人たちも指しているような表現。*Peanuts* の世界も、子供らしからぬ皮肉なセリフに富んでいることが思い出される。

looking for an angry **❶**plaid ice cream,

angelheaded **❷**blockheads obligated to play outside **❸**whenever
the starry dynamo in the machinery of night is shining,

who **❹**spanking and roughnecked and hollow-eyed and
high **❺**sat up smoking in the supernatural darkness of
❻second childhoods **❼**floating across the tops of **❽**suburbs
contemplating the **❾**chromatic fantasia,

5

---

❶ plaid ice cream: 形容詞 plaid は、普通は「格子柄の」という意味（ちなみに発音は /pleɪd/ ではなく /plæd/）。ただし、幼い Charlie Brown はきちんとした意味を知らず、定番の味（バニラなど）ではないアイスという意味で使っているもよう（1953 年 8 月 1 日の *Peanuts* を参照）。なお、"Howl" では「麻薬（特にヘロイン）の注射 1 回」を意味する fix となっている箇所 (p.182, l.10) で、それを知っていると——というか、"Howl" のドラッグの世界を知っていると——結晶状のコカインやメタンフェタミンを指す ice が隠れているのが笑えるところ。

❷ blockhead(s):「あほ、馬鹿」。*Peanuts* では特に Charlie Brown の形容で使われることが多いが、他のキャラクターにもしばしば使われる（たとえば Lucy が Linus に言う、など）。"Howl" で使われている angelheaded(p.182, l.11) と組み合わさっている。

❸ whenever the starry dynamo in the machinery of night is shining: the starry dynamo in the machinery of night（夜の機械のなかの星のダイナモ）はおそらく "Howl" でも最も有名なフレーズのひとつ (p.182, l.12)。ここではそれに「輝いているたびに」と加えることで、*Peanuts* でしばしば描かれる、星空の下にキャラクターたちが集まる場面が連想される。

❹ spanking and roughnecked and hollow-eyed and high: 文頭の spank(ing) は何を「叩いて」いるか不分明だが、この行が Schroeder を念頭に置いていると思えばピアノか（右頁注❾参照）。roughnecked は、「乱暴者」の意味の名詞 roughneck の形でよく見かけるが、ここでは -ed が付いて形容詞。Schroeder には似つかわしくないとも思えるが、彼に恋心を寄せる Lucy をぞんざいに扱う感じを誇張していると思えば、あながち無茶な形容でもない。hollow-eyed and high は "Howl" のママ (p.182, l.13) で、"Howl" ではまずはドラッグを想起させるが、いずれも音楽的恍惚という意味では共通する（繰り返すようだが右頁注❾参照）。hollow-eyed and high とくっつくと、文頭の

探し、

天使の頭をした足らない頭の持ち主たちが　夜の機械のなか　星のダイナ
　モが輝くたび　有無を言わさず屋外で遊び、

叩きつけ乱暴でうつろな目でハイで　二度目の子供時代の超自然の闇で
　煙を喫って夜を過ごし　郊外のてっぺんをふわふわ越えながら　半音階
　の幻想曲を想い、

spanking にエロティックなイメージ——日本語でいうところの「スパンキング」
——を読み込むのも自然か。

❺ [sit up]:「寝ずに［起きて］いる」(『リーダーズ』s.v. *sit*)。

❻ [second childhoods]: second childhood 自体は普通の言い方で、辞書的な
意味は「第 2 の幼年期（◆老年期のこと）；（婉曲的）もうろく、ぼけ」(『オーレッ
クス』(s.v. *second*¹))。ただしここでは比喩ではなくおそらく字義通りの「第
2 の幼年期」の意で、すでに（1 度目の）子供時代を経て大人になった Charles M.
Schulz が作り出した「第 2 の幼年期」を、*Peanuts* のキャラクターたち一人
ひとりが生きているということ。だから複数形になっているのだろう。

❼ floating: 直前の childhoods を修飾しているように見えるかもしれないが、そ
うではなく、smoking と並んで、who の人たち（子供たち）がどんなことを
しながら sat up していたのかを語っている（"Howl" p.182, l.15 も同様）。続
く contemplating も同じく who の子供たちの状態の説明（こちらも "Howl"
と同様）。

❽ suburbs:「郊外」。"Howl" では cities の箇所 (p.182, l.15)。特に大都市では、
都市中心部はスラム化して低所得者が暮らしがちなのに対し（だから "Howl"
には cities がふさわしい）、自然も残っている郊外には中流階級以上が住む。
Peanuts の舞台は、ほとんど白人しか登場せず、子供たちがきちんと学校に通っ
ているように、（実は最初期は違ったのだが）言うまでもなく郊外。

❾ chromatic fantasia:「半音階の幻想曲」。ビート・ジェネレーションはジャズ
の即興性を文学に取り入れたとしばしば指摘され、"Howl" では当然のごとく
jazz となっている箇所 (p.182, l.15)。*Peanuts* の作者 Schulz はジャズ嫌いで
有名だし、作品に限っても、ベートーベン狂でピアノの名手 Schroeder は子
供らしからぬ高難度の（＝半音階が多用される）クラシックをもっぱら弾いて
いる。

who ❶bared their brains to ❷The Great Pumpkin ❸under the
El and saw ❹goldfishes or horses or lambs or chimpmunks
staggering on suburban roofs illuminated,

who passed through kindergarten with ❺a piece of candy hidden
in their ear hallucinating caramel and Beethoven among ❻the
scholars of income tax,

[…]❼

5

---

❶ bared their brains:「脳味噌をさらした」。"Howl" と同一の箇所 (p.182, l.16)。
動詞 bare は「剥き出しにする」の意で、bare one's heart/soul/thoughts
と言えば「心の中を打ち明ける」の意味（『新英和大辞典』）。ここでは、より
生々しく即物的な脳味噌（brain）となっていることで、「心の内をほとんど物
理的に（≒恥ずかしげもなく）打ち明ける」という感じ。本作の文脈で言えば、
Linus の The Great Pumpkin への想いは、客観的に見れば滑稽かもしれないが、
本人的には「脳味噌をさら」すほどに本気なのである（次注参照）。

❷ The Great Pumpkin: Linus がハロウィンの夜、かぼちゃ畑に現れてプレゼン
トを持って来てくれるのを待つ「かぼちゃ大王」。サンタクロースとハロウィン
がごちゃ混ぜになっているわけで、Linus のうぶな面があらわれているが、彼
はサンタクロースの商業主義に疑念を持ってもいるので、決して現れないか
ぼちゃ大王を待つ姿には敬虔さも感じられる。そのことを思うと、"Howl" で
Heaven となっている部分 (p.182, l.16) が The Great Pumpkin になってい
るのは実にふさわしい。

❸ under the El: "Howl"(p.182, l.16) と同一の箇所で、"Howl" の都会の世界
に即して素朴に読めば the El は elevated railroad（高架鉄道）の略。ただし
the El は、ヘブライ語で神を指すことばでもあることが "Howl" の読解におい
てしばしば指摘される（前注や次注にあるように "Howl" には宗教的言及も多
い）。Peanuts の世界に高架鉄道は見当たらないので、本作では「神」を前面
に出していると見ていいだろう。

❹ goldfishes or horses or lambs or chimpmunks: "Howl" では Mohammedan
angels（モハメッドの天使たち）となっている箇所 (p.182, l.17)。郊外に住む
幼い子供が夢見そうな動物に変えられていると思われるが、Linus の敬虔さを

神の下で脳味噌をかぼちゃ大王にさらし　金魚だか馬だか仔羊だかシマリ
　スだかがよろよろ　光を浴びた郊外の家々の屋根を歩くのを見て、
耳にキャンディひとつ隠し　幼稚園を通り抜け　所得税学者たちのただな
　か　キャラメルとベートーベンを幻視し、
［…］

踏まえると lambs からは聖書の迷える仔羊が連想される（前々注などを参照）。
❺ a piece of candy hidden in their ear: 1953 年 9 月 6 日の Peanuts への言
及。Charlie Brown と Violet が、Snoopy に好かれているのはどちらかを争
うという回。Snoopy は Violet にじゃれつくが、実は彼女は耳のなかにキャン
ディを隠していた。
❻ the scholars of income tax: "Howl" では the scholars of war（戦争学者
たち）となっている箇所で (p.182, ll.20–21)、冷戦期の雰囲気をよく伝えて
いる。生々しい戦争の気配は薄い Peanuts の世界の社会不安を描くにあたり、
妙に現実的な「所得税」が入ってくるのが笑えるところだが、1962 年 8 月
25 日の回では Snoopy が不安の象徴として、atmospheric testing, strikes,
farm problems, medical care, education or income tax（大気圏核実
験、ストライキ、農業問題、医療、教育、所得税）を挙げているので、実は
Peanuts から乖離した選択でもない。
❼この中略の前までは、"Howl" を骨格にしつつ Peanuts の要素を混ぜ込んでいた。
以降では Peanuts からの引用を主軸にして詩行が織り上げられていく。

who sat listening to ❶the ocean roar , ❷supposed to be home taking a nap, ❸scared of a piece of fuzz on the sidewalk, ❹suffering Eastern sweats and ❺bubble gum-chewings and ❻migraines of macaroni under candy-withdrawal on ❼bleak

5   curbs,

---

❶ the ocean roar:「海の音」。roar はライオンなどの鳴き声を指すように、低くて太い轟き・唸りの意。貝殻を耳に当てると「海の音」が聞こえるとしばしば言われるが、1955 年 7 月 3 日、Charlie Brown と Lucy が座り込みながら Snoopy の耳を貝殻に見立てて実践し、「海の音」を聞いている。細かい話だが、1954 年 5 月 4 日の Lucy は、試合中にもかかわらず野球のグローブを貝殻として I was listening to the ocean roar! と述べているが、こちらは立って聞いているので、本作の sat listening に近いのは前者だろう。

❷ supposed to be home taking a nap: 1954 年 5 月 30 日の Lucy の台詞より。同日を含む 1954 年 5 月の日曜版は、*Peanuts* で唯一大人が登場したエピソードとして知られ、Lucy が州のアマチュアゴルフ大会に出場する物語が描かれる。もう 1 ホールで優勝というところで I'm supposed to be home taking a nap! と宣言して帰ってしまい、優勝を逃す。

❸ scared of a piece of fuzz on the sidewalk: 1954 年 7 月 11 日のコミックより。Lucy が There's a piece of fuzz on the sidewalk!（歩道に綿毛がある！）と言いながら怖がっている。いささか馬鹿にする Charlie Brown だったが、どうやら毛虫だったというのがオチ。ここまでの 3 つの注を総合すると、この詩行は Lucy を念頭に置いていると思われる。

❹ suffering Eastern sweats: "Howl"(p.182, l.23) と同一の箇所。"Howl" におけるこの行は、Tangerian bone-grindings（タンジール［モロッコの港湾都市］の骨の軋み）や migraines of China（中国の偏頭痛）にも苦しむ (suffer(ing)) と続くので、Ginsberg は、ドラッグ切れの肉体的苦しみを世界旅行になぞらえていると読める。したがって "Howl" における Eastern は「東洋」と解され、これは禅など東洋思想に影響を受けた、いかにもビート・ジェネレーションらしい 1 行となる。ただし *Peanuts* の文脈で Eastern を考えると「東洋」という色合いは薄いので、アメリカ東部のイメージだろう。たとえば 1957 年 2 月 16 日のコミックでは、Lucy がアメリカ国内のゴルフ大会の名前を列記する文脈で the famous Western Open と並んで the Eastern Open を挙げている（もっとも、これらのゴルフ大会が正確に現在のアメリカ西部や東部に該当する

座って海の音を聞き　お昼寝するはずの帰宅時間となって　歩道の綿毛を
　怖がり、
東の汗と風船ガム噛みとマカロニの偏頭痛を　寒々しい縁石でキャンディ
　引きこもりのさなかに思い、

わけではない。Lucy とゴルフについては前々注を参照）。

❺ bubble gum-chewings [...] under candy-withdrawal:「キャンディ断ち下
の風船ガム噛み」。1954 年 7 月 9 日、Charlie Brown が Snoopy に初めて
チューインガムをあげるエピソードがある。その際、Not candy! So chew it
... don't eat it! (飴じゃない！　噛むんだ……飲みこんじゃダメだ！) と言って
いるので、おそらくこの回への言及だろう。ガムを食べている Snoopy は口か
ら風船が出てきてひどく驚く（≒苦しむ (suffering)）。なお、under candy-
withdrawal の under は、飲酒運転（drink-driving）の意味でよく用いられる
[driving under the influence (of alcohol)]（DUI と略される）というフレー
ズに含まれている under と似ていて、「…の影響で（正常でなくなってしまっ
て）」の意。ここでは何の影響かというと、典型的にはドラッグの使用をやめる
こと（およびそれに伴う禁断症状）を表す withdrawal の candy バージョンで
ある「キャンディ断ち」。

❻ migraines of macaroni:「マカロニの偏頭痛」。1959 年 4 月 18 日、「M」と
書かれた服を着て野球にやって来た Charlie Brown が登場する。同じチームの
女の子たちが、その「M」の意味を推測するなかで macaroni も候補となって
いる。本当は manager（監督）だったのだが、それが伝わらないことに文字通
り頭を抱えるのがオチ。

❼ bleak curbs: bleak は "Howl"(p.182, l.25) からの引用で「荒涼とした」と
いった意味。curb は歩道の「縁石」。比較的早い時期の Peanuts では子供たち
が縁石に座っている姿がよく描かれた。また、時に残酷とも言えるユーモアが
溢れる Peanuts は、描き込みが少ない作風ゆえ、bleak と形容されるのもなる
ほどと思われる。連載初回である 1950 年 10 月 2 日などを参照。なお、日
本語で「縁石」ということばはそうしょっちゅう使う語ではないと思われるが、
英語の curb は、車を脇に寄せて停めるという文脈でよく使われる。例：Pull
over to the curb.(『新英和』s.v. pull。pull over については p.76(6) を参照。)

who ❶drew a line clear around the world wondering where to go, and went, leaving no broken hearts,

❷who ❸just when you began to learn the technique your parents took away your blanket,

5   […]

❹I'm only trying to give Charlie Brown a little destructive criticism! ❺Did you ever see a thief with such a round head?

❻I've been confused from the day I was born,

❼I have never pretended to be able to solve moral issues, ❽I'm

---

❶ drew a line clear around the world: 1954 年 9 月 21 日、地面にクレヨンで線を描いている Lucy の台詞として、I'm going to draw a line clear around the world. (私は世界中にはっきり線を描くの) とある。

❷ who just when you began to learn the technique your parents took away your blanket: just ... technique は挿入語句。これを飛ばして読んでみると who your parents took away your blanket となる。関係代名詞 who の後は主語や目的語などのどこかしらが名詞不足になっていなければならないのに、your parents took away your blanket ではそのような名詞不足が生じていない。これは誤用だ！　破格だ！　……と大騒ぎしたくなる気持ちをぐっと堪えて「文法解説」へ。

❸ just when you began to learn the technique your parents took away your blanket: 元ネタは 1954 年 6 月 2 日のコミック。基本的（？）なことを確認しておくと、Peanuts で blanket と言えば、Linus が常に持っている security blanket（安心毛布）のこと。同日のコミックでは、Linus の姉 Lucy が、まず毛布が安心を提供してくれるメカニズム（？）について説明している。いわくそれは、毛布の一端で頬をこすり、もう一端で耳をこするといったテクニック（technique）なのだという。この説明の後に、The only problem is just when you begin to learn the technique, your parents take away your blanket!（唯一の問題は、そのテクニックを学び始めた途端、親が毛布を取り上げちゃうこと！）と続く。ある程度の年齢になったにもかかわらず「安心毛布」を手放さない子供からそれを取り上げる親というのは、一般論としても容易にイメージできる。なお、心理学には移行対象（transitional object）という用語があり、幼い子供が母親の愛情から脱却するにあたって、その愛情が毛布

194

世界にくっきり線を描いて　どこへ行こうか思案し　いかなる傷心も残さ
　ず行き、

きみがテクニックを覚え始めた途端　きみは親たちに毛布を持って行か
　れ、

［…］

ぼくはチャーリー・ブラウンに　破滅をもたらすささやかな批判をしよう
　としてるだけだ！　あんな丸頭の泥棒なんて見たことあるか？

ぼくは生まれた日から　ずっと混乱してきた、

道徳がらみの問題を解決できるなんて　そんな風に称したことは一度もな

やぬいぐるみに「移行」していると論じられる。Schulz の案出した security blanket はまさにこの移行対象だとして、発表当時から心理学者たちが実際に注目し、*OED*（→4章「文法解説」）にも Schulz の用例が掲載されている。

❹ I'm only trying to give Charlie Brown a little destructive criticism!: 1959 年 5 月 11 日の Lucy の台詞から。原作では only が just になっている。

❺ Did you ever see a thief with such a round head?: 1959 年 3 月 6 日の Lucy の台詞から。Charlie Brown が図書館の本を盗んだと Lucy に聞いたという Violet だったが、Lucy 自身がこのことばで罪を晴らす（？）というオチ。Charlie Brown がほかのキャラクターたちに round head（丸頭）と形容されるのは日常茶飯事。

❻ I've been confused from the day I was born: 1959 年 9 月 9 日の Charlie Brown の台詞から。原作では from の前に right がある。

❼ I have never pretended to be able to solve moral issues: 1959 年 7 月 31 日のコミックで Charlie Brown が Linus（と Lucy）に語る台詞の引用。動詞 pretend to do は要するに「ふりをする」ということだが、行動でふりをする場合もあれば、ことばでふりをする場合もある。今回は後者で、日本語だと「称する」が合う。

❽ I'm only human: おそらく 1959 年 11 月 22 日のコミックより、「安心毛布」が洗濯中ゆえ不安を感じている Linus の台詞の引用。姉 Lucy に「（安心毛布がないことを）考えないようにしなさい」というアドバイス的叱咤を受けた Linus が、このことばを返している。

only human, ❶I was an only dog, ❷maybe I could blame it on society!

❸ah, Linus, while you are not safe I am not safe, and now you're really in the total animal soup of time—

5　❹you're the only one who will follow me wherever I go!

❺if I were the only girl on earth, would you like me?

❻when you're a dog you don't have to worry like that … everything is clear cut, ❼they're just imitation people,

---

❶ I was an only dog: 1959 年 6 月 6 日の Snoopy の台詞より。Charlie Brown が妹（Sally）の誕生を喜んでいるのに対し、Snoopy はこのことばで孤独を噛みしめている。an only dog は「一人っ子」ならぬ「一匹っ子」であり、もっと言えば「一匹ぼっちの犬」。なお Snoopy には 5 人（匹？）のきょうだいがいるが、一番早く登場した Spike の初登場も 1975 年のこと。

❷ maybe I could blame it on society!: 1959 年 9 月 29 日の Linus の台詞より。部屋のなかで玩具の飛行機を飛ばして散らかしたことを姉 Lucy に責められた際に発したことば。"blame X on ..." で「X を…のせいにする、X の責めを…に帰す」。

❸ ah, Linus, ... : ここはほとんど "Howl"(p.184, ll.2–3) からの引用。同作中でも最もストレートに心に響くといえる 1 行を踏襲している。唯一の違いは、Carl Solomon に捧げられた "Howl" では当然 ah, <u>Carl</u> となっている点。

❹ you're the only one who will follow me wherever I go: 1953 年 6 月 19 日の Charlie Brown の台詞より。ただし、この日のコミックは、Charlie Brown が Snoopy にこの台詞をかけるものの、Snoopy が無理矢理ロープで引っ張られているというオチ。本作ではもっとストレートに、前行で呼びかけられる Linus への愛を感じる。そのことと呼応するように、原作は「...」で終わるが本作は「!」で終わっている。

❺ if I were the only girl on earth, would you like me?: 1953 年 6 月 6 日、Violet が Charlie Brown にかける台詞より。ここも前行同様、ストレートな愛の呼びかけと読めるが、原作の Charlie Brown の態度はけっこう冷めている。

❻ when you're a dog you don't have to worry like that ... everything

い　ぼくは人間に過ぎないし　かつては一匹ぼっちの犬だったし　きっと社会のせいにできた！

ああライナス　きみが安全でないかぎりぼくも安全ではない　きみがほんとうに　時の完全な動物スープに浸かっているいま——

ぼくがどこへ行こうと　ついてきてくれるのはきみだけ！

仮にぼくが地上でただひとりの女の子だったら　ぼくを愛してくれるかい？

きみが犬なら　そんなこと心配しなくていい……みんな明快　犬は人間そっくりだ、

---

is clear cut: 1959 年 2 月 13 日、バレンタインデーに関して心配している Charlie Brown に対し、Snoopy が考えている言葉からの引用。ちなみにそのこころは、Snoopy は犬なので、犬好きな人は頭を撫でてくれるが、嫌いな人は蹴飛ばしてくる、というもの。なお 1959 年 7 月 28 日には、Linus が Snoopy に対し、君は何も心配しなくていいから羨ましいと語るエピソードもある。

❼ they're just imitation people: 1954 年 7 月 24 日の Charlie Brown の台詞より。Lucy に対し、Did you know that dogs aren't real people?（犬は本物の人間じゃないんだよ。知らなかった？）と述べた直後の台詞なので、原作では「単なる人間もどき」といったネガティヴな文脈（Did you know ＋ 現在形という表現については、p.122 注❶を参照）。だが、本作では前行で犬がポジティブに捉えられた直後であるし、実際 Snoopy はさまざまな人間の真似をして（imitate）面白がっていることを思うと、ここも原作から捻った引用を行っていると読めるだろう。

I've never really seen an ❶eclipse, ❷that lemonade is full of weeds,

   ❸what would you do if the moon fell right on your head?

❹can a person tear aside the veil of the future?

[…]

5

III

❺Linus van Pelt! I'm with you in ❻Ace Hospital

   where you're madder than I am

I'm with you in Ace Hospital

10   where ❼you'll never be happy until you've won a hundred

      thousand games

---

❶ eclipse: 日食と月食の両方の「食」を指す語。*Peanuts* では何度か「食」に言及されるが、いずれも日食に関するエピソード。ただし、それを観測する上での危険性が強調されたり、天候不順で見られなかったりと、物事は失敗すると宿命づけられている *Peanuts* にふさわしく、ともかく日食がきちんと描かれることはない。

❷ that lemonade is full of weeds: 1954 年 8 月 12 日のコミックで、Charlie Brown が Lucy にレモネードをあげるが、Lucy が this lemonade is full of weeds! […] And there's a seed in this glass!（このレモネード、草まみれ！［…］それにグラスに種が入ってる！）と文句を言っている。この引用——というか、このレモネード——を指すために **that** lemonade となっている。と同時に "Howl" の世界のマリファナ（weed）を響かせるのが笑えるところ。なお、アメリカでは、軒先にレモネードスタンドを「出店」して子供がお小遣い稼ぎをするなど、子供とレモネードはありふれた組み合わせ。このレモネードスタンドをパロディ化したのが Lucy の psychiatry booth（精神分析スタンド）。

❸ what would you do if the moon fell right on your head: 1954 年 11 月 3 日、Lucy が Charlie Brown に語る台詞からの引用。ここのように、とうていあり得ない未来を想像する場合、仮定法過去が用いられる。[fall on one's head]「（上から）頭に墜ちてきてあたる」は 3 章「本文解説」の "The Happy Prince" でも使われていた慣習的表現。right については「文法解説」へ。

❹ can a person tear aside the veil of the future?: 1954 年 9 月 28 日、

日食なんて見たことないし　あのレモネードは草まみれだし　きみの頭に
　月が直撃したらどうする？
ひとは未来のヴェールを破ってどかすことができるのか？
［…］

Ⅲ
ライナス・ヴァン・ペルト！　ぼくはあなたとエース・ホスピタルにいま
　す
　あなたはそこで　ぼくより狂っている
ぼくはあなたとエース・ホスピタルにいます
　あなたはそこで　100000 試合勝つまでしあわせじゃない

Charlie Brown が Violet に語る台詞からの引用。[tear X aside] は「X を破っ
て（tear）脇（aside）に置く」。

❺ Linus van Pelt! [...] than I am : この 2 行は "Howl"(p.184, ll.7–8) とほぼ同
じだが、違いは、もともとの文頭は Carl Solomon への呼びかけになっている
ことと（献辞を思い出してほしい）、Ace Hospital が Rockland となっている点。
Rockland はニューヨークにある精神病院の名。

❻ Ace Hospital: 1979 年 7 月、Charlie Brown が謎の不調で入院するエピソー
ドがあり、病院の名前として Ace Memorial Hospital とある。1959 年 6 月
3 日には Schroeder が Charlie Brown に対し、妹 Sally が生まれたのは Ace
Hospital かと尋ねているので、彼らが住む地域の大病院（の略称）らしい。

❼ you'll never be happy until you've won a hundred thousand games:
1953 年 6 月 16 日、ボードゲームで Charlie Brown に連勝した際の Lucy の
台詞、I'll never be happy, though, until I've won a hundred thousand
games!（でも 10 万回勝つまで嬉しくない！）より。

[…]

I'm with you in Ace Hospital

    where ❶as long as you've got insomnia you'll never graduate

I'm with you in Ace Hospital

5   where we are ❷great writers on the same dreadful typewriter

[…]

I'm with you in Ace Hospital

    in my dreams ❸you try wearing the kite and flying your cap

        across America in tears to the door of my cottage in the

10   Western night

---

❶ as long as you've got insomnia you'll never graduate: 1953 年 9 月 5 日 の Lucy の台詞 as long as I've got insomnia, I'll never graduate!（不眠症 だったら卒業できない！）より。元々の文脈ではピクニックでお昼寝できなかっ たことを指している（Lucy の初登場は 1952 年なので、まだ幼い）。[as long as …] は「…である間は」の意で期間を示しているとも、「…である限りは」の 意で条件を示しているとも考えられる（ここではその両者が表裏一体となって いる）。

❷ great writers […] typewriter: *Peanuts* の文脈で「大作家」と「タイプライター」 が出てくると、犬小屋の上でタイプライターを叩く Snoopy、つまり彼のオル ターエゴのひとり world-famous author（世界的に有名な小説家）が連想さ れる。ただし、実はここは "Howl"(p.184, ll.14-15) と同一。芸が細かい。

❸ you try wearing the kite and flying your cap across America in tears: "Howl"では you walk dripping from a sea-journey on the highway across America in tears（あなたは海の旅から帰ってぽたぽた水を垂らし　アメ リカを横断するハイウェイを泣きながら歩いている）となっている (p.184, ll.18-19)。この詩行の他の部分は同一なので、ここは "Howl" に大いに依拠し ている箇所。変更箇所である try wearing the kite and flying your cap は、

［…］

ぼくはあなたとエース・ホスピタルにいます

　不眠症である限り　そこからあなたは卒業できない

ぼくはあなたとエース・ホスピタルにいます

　ぼくたちはそこで　同じ最悪のタイプライターを使う偉大な書き手

［…］

ぼくはあなたとエース・ホスピタルにいます

　ぼくの夢のなか　あなたは試しに凧を身にまとって　泣きながら帽子
　を飛ばす　アメリカを横断して　西部の夜の　ぼくのコテージの扉に向
　かって

1959 年 3 月 1 日、Linus が Charlie Brown にかける台詞から。風が強い日
で、Charlie Brown の帽子が飛ばされるのだが、凧は上手く揚げられない。そん
な状況を見て Linus がオチとして最後にかけるのが、Why don't you try
wearing the kite, and flying your cap?（凧を着て、帽子を飛ばしてみれば？）
という台詞。それを踏まえると、flying your cap というのは帽子だけを飛ば
すというより、直前の wearing the kite と組み合わさって凧を着た自分自身も
一緒に飛んでいく図式を喚起し、"Howl" の「泣きながら歩いている」というイ
メージとさらに重なる。なお、動詞 try は、to 不定詞と動名詞の両方を取れるが、
[try to V] は「〜しようとする」という意味なのに対し、[try -ing] は「〜して
みる」の意。つまり to 不定詞が目的語の場合は実際に V したかどうかわから
ないが、ここは動名詞（wearing, flying）なので、（夢のなかで）実際に着て
飛ばしている。

翻訳の視点から

☞ 「元ネタ」 がある作品をどう訳す？① ～ 理念・精神論篇

この "Grief" という作品は、繰り返しになるが、Charles M. Schulz の *Peanuts* と、Allen Ginsberg の "Howl" を組み合わせている。こうした「元ネタ」がある作品は、元ネタへの純粋な敬意の賜物であれば「オマージュ」、逆に、元ネタをからかってやろうという反逆心がある場合は「パロディ」と呼ばれる。したがってオマージュとパロディは正反対のものである。しかし、原理的に考えると、オマージュとパロディを分かつのは作者の気持ちに過ぎない。そして作者の気持ちが読者に狙い通りに伝わるとは限らない。本人としてはパロディのつもりで書いたが読者はオマージュとして受け取ってしまう（あるいはその逆）という事態も多々発生する[1]。

"Grief" は、本章の扉で記した通り、発表媒体から考えて、特に Shulz へ捧げられたオマージュだと捉えて問題ない。しかし、*Peanuts* と "Howl" という組み合わせそれ自体を「不敬」だと見なす読者も少なくないかもしれない。なにせ、たいていの読者が「健全」だと見なすであろう *Peanuts* の世界を、いわゆる常識というヤツに照らせば「不健全」と呼べそうな "Howl" の世界——そもそもビート・ジェネレーションとは、いわゆる既成の常識をぶっ壊す運動である——になぞらえて歌／謳っているのだから。こちらの見解に従えば、本作はパロディだという話になりうる。注で何度か触れた通り、クスッと笑える小ネタが仕込んであるのも、諧謔を旨とするパロディの証拠だと指摘できるかもしれない。

とはいえ "Grief" では、"Howl" と *Peanuts* を組み合わせることで、「健全」と思しき *Peanuts* の世界にも、そこはかとなく漂っているエロティシズム、

---

1 パロディが本人の意図と裏腹な結果になった例は、木原（2020: 3 章 6 節）に詳しい。同節は「パロディー、パスティーシュ」と題されている。「パスティーシュ」とは価値中立的な模倣のこと。

狂熱的な宗教性、未来が見えない不安、苦しいほど篤い友情があると見えてくる。これは *Peanuts* を建設的に多義化して読みを深めてくれる、立派な敬意の払い方である。本書では所収しなかったが、実はこの作品の最後には、All verbiage Ginsberg 1955–56 or Schulz 1952–59（冗漫なる言葉は全て、1955–56 年のギンズバーグあるいは 1952–59 年のシュルツ）という一節があり、2 人が同時代の空気を呼吸していたと明示され、当時のアメリカの両極が相通じていることを示唆している。この点、本項冒頭ではオマージュとパロディを両極に割り振ってみたが、パロディの「からかってやろう」という態度自体、元ネタの権威を認めているにほかならない。パロディは決して「弱い者イジメ」ではないのだ。つまり、パロディもまた一種の（ひねくれた）敬意の捧げ方であると言える。パロディとオマージュは本来原理的にも峻別できるものではなく、こちらもまた両極相通じていると言えるだろう。

さて、「元ネタがある作品をどう訳す？」という本題にやっと入ると、つまるところ、訳文でも元ネタに最大限の「敬意」を払うということに尽きるだろう。そしてこれは、そもそも原文が何をしているかをきちんと考慮するという意味では、要はしっかり原文を理解するという話に過ぎず、実は特別変わった態度は必要でないと結論づけられそうだ。そうは言っても、パロディだったらユーモアなり一種の悪意なりが伝わるような特別な訳文が必要だと思われるかもしれない。もちろん原文にそうした仕掛け——たとえば、妙に大袈裟だったり非難の色合いが濃かったりする語彙が使われているとか、文体を誇張して模倣しているとか——があれば訳文でも再現することになるだろう。しかしこれも、元ネタがある場合の「特別変わった態度」ではなく、原文を再現するという通常の翻訳の一環である。訳者が変に出しゃばって、「ここで笑って！」とか「ここは意地悪ポイント！」のような差し出がましい合図を送るのは、パロディ元にも、そして原文そのものにも敬意を欠いている。それに、上で見た通り、そもそもパロディとオマージュは原理的には区別できないはずだ。

翻訳は原文へ敬意を捧げてことばを移すことである——前段落の話を圧縮

すれば、翻訳もまたひとつのオマージュであると言える。翻訳者の気持ちとしてはオマージュにほかならないが、最初に述べた通り、読者にその気持ちがそのまま伝わるとは限らない。たとえば、よかれと思って訳注をたくさん付けすぎてしまったら、それは原文にも読者にも慇懃無礼なのかもしれない[2]。あるいは、原文の要素を過剰に再現しようとするあまり、パロディのように読めてしまう訳文もあるかもしれない。その辺りの匙加減はケースバイケースとしか言いようがないが、原文への敬意がきちんと伝わる翻訳が理想だということには、誰も異論がないはずだ。

☞ 「元ネタ」 がある作品をどう訳す？② ～ 現実・実践篇

　「元ネタ」がある作品を訳す際の精神論は前項の通りだが、実践レベルでは、確かにいくつか通常とは異なる作業が発生する。以下、本作の拙訳を例に挙げよう。

　まず、訳文でも「元ネタ」への言及を再現するべく、日本語版の Ginsberg の "Howl" を用意する必要がある。今回は柴田元幸訳「吠える」を日本語版の元ネタとして使用させていただいた。記して感謝する。さらに実務的な話をすれば、元ネタとして使用するための許可を訳者（柴田）や同翻訳の版元（スイッチ・パブリッシング）に得る必要がある。ご快諾いただき、ありがたい限りである。

　と同時に、原文は元ネタをいかに参照・変更しているかを確認すべく、"Howl" と "Grief" を 1 語ずつ照合していった。その上で、同じ部分については柴田訳「吠える」を最大限引用して訳文を作成した。本来は、同じ部分は全て引用したかったところだが、英語と日本語では語順も違うため、全てとはいかなかった。特に冒頭部は "Howl"・「吠える」の現物を見てもらうのがわかりやすいので、本章冒頭に所収した抜粋とぜひ対照してみてほしい。

　また、新聞連載漫画が初出である *Peanuts* の元ネタ探しは、少なくとも

2　まさに本書がそうじゃないかと思われるかもしれないが、私の見解・言い訳は次項を参照。

1952–59 年の 8 年分から探す必要があり、1952 年にはすでに日曜版の連載も始まっていたので、3000 作近いコミックストリップが対象となる。難航を極めるところだったが、幸い、検索技術が進化している現代なので、*Peanuts* のテクスト検索に特化したサイトも存在し、作業時間が大幅に短縮された。こうした技術がなければ、全ての元ネタを突き止めることはできなかっただろう。

　本書の場合、語注を付けての対訳という特殊な形式のため、元ネタはどんな作品でどう異なっているかを注釈で逐一記載した。大きなお世話だと思う読者もいるだろうと思いつつ、しかし、"Howl" に馴染みがない日本の読者は少なくないだろうし、*Peanuts* に関してはいくら何でも読者への要求が大きすぎると思われるこの作品をディープに楽しむためには必要な措置だと信じている[3]。本書に "Grief" を掲載したいと思った最大の理由は、こうした注を付けても自然な形式の本だということもある。もはや大方の読者を置き去りにしそうな *Peanuts* への愛だが、第Ⅲセクションではライナスへの共感が暴走気味に迸（ほとばし）っているように、そもそも愛とは客観的に皆にわかってもらうための感情ではないことを、あらためて教えてくれる作品と言えるかもしれない。これが私（今井）なりの "Grief" へのオマージュであり愛である。

☞ おまけ：引用がある作品をどう訳す？

　元ネタとは異なるが、引用を含む作品をどう訳すかという話もついでに書いておきたい。一口に引用と言ってもいろいろあり、文学作品で多いのは聖書であったり Shakespeare であったりする。これら 2 つからの引用はあまりに頻繁なので、狭い意味での引用なのか、もはや慣用句なのかという問題もある……と、細かく考えればややこしいのだが、つまるところ引用への対応は、「日本語版出典（たいていは既訳）を参照するか否か」という二択へ行き着く。

3　そうは言いつつ、「全部 "Howl" か *Peanuts* からの引用なんだろうなぁ」くらいのノリで読んでも、楽しめる作品かなとも思う。

　まあ、当たり前の二択ではあり、もっと言えば、原文が引用——つまり他者のことば——なのだから、訳文でも日本語版原典という他者のことばを取り入れるのが「正攻法」だと思われる。だが、この正攻法を選ぶと、実はけっこう大変である。まず、日本語版の該当書籍を買うなり借りるなりして入手する必要がある。次に、原文のどこからの引用かを特定し、それが日本語版でどこなのか探す。学術書の場合は引用ページ数が記載されているはずだが——時たま記載がなくて怒り狂いそうになるが——当然そこに書かれているページ数は日本語版のそれとは異なるため、目安にしかならない。そして、ようやく見つけた該当箇所を引用するわけだが、特に邦訳書の場合、訳文をそのまま使って問題ないか、確認作業が発生する。これは、既訳が誤訳ではないか確認するという話に限られない（無論、それもあるが）。たとえば、英語書籍 A を日本語に翻訳しているとしよう。ここで仮に、A では life ということばがキーワードになっていて、それが広い意味で使われているので、「生」と訳しているとしよう。この時、A 中で引用されている英語文献 B 中にも life という語があったとする。しかし、B の邦訳書 B' 中でそれは「命」と訳されているかもしれない。このとき、B' は決して誤訳ではない。だが、B' の訳文をそのまま引用できるかは考えなければならない。

　さらに面倒なのは一種の「重訳」が介在する場合である。たとえば、訳している英語書籍 A に、今度はドイツ語文献 C の英訳 C' が引用されているとしよう。となればこの C' の日本語版が欲しいわけだが、既訳として存在する可能性が高いのはあくまでドイツ語原典 C の日本語版 C" という日本語である。このとき、C' と C" の訳者はそれぞれ別個に C を解釈して訳文を作っていることがほとんどだし、また、仮に解釈はまったく同一だったとしても、ドイツ語を英語に訳す際と日本語に訳す際には異なる工夫・戦略が採られている可能性があるゆえ、C' の引用として C" をそのまま利用できる保証はない。C' と C" が大幅に異なっている場合、ドイツ語の専門家や原著 C の専門家に意見を乞う必要さえあるかもしれない。

　特に学術書の類の邦訳では、「引用に際しては既訳を適宜改変した」といっ

た文言が入っていることが多いが、以上のような事情ゆえの場合もある。だ
から実は、引用も既訳に当たらず訳し下ろした方が早いし、場合によっては、
訳している文章の論旨には沿うのかもしれない。しかし、既訳を作ってくれ
た先人たちがいたからこそ、文化は発展してきたのだ。わざわざ既訳を参照
するという行為もまた、ひとつのオマージュの捧げ方である。

文法解説〜英語をさらに深く理解する

☞ノッてきて変わる文法 ——————————— p.194 注❷

　語注でも指摘したように、who just when you began to learn the technique
your parents took away your blanket という部分では、関係代名詞の who よ
り後が名詞不足になっていないという、なかなか珍しい現象が起きている。
筆者もこのような現象に馴染みがあるわけではないが、しかしどこかしっく
り来てしまう、これはこれで読めてしまうという感じもある。一体何が起こっ
ているのか。「誤用だ」「破格だ」とレッテルを貼って先を急ぐのではなく、じっ
くり考えてみたい。

　じっくりと言いつついきなり筆者なりの結論・仮説を提示してしまうが、
この謎を解く一番の鍵は、who の繰り返しにあるのではないか。"Grief" の
前半では、p.186 の 7 行目の children または p.188 の 2 行目の angelheaded
blockheads を先行詞とした who 節の繰り返しにより、リズムとグルーブが
生まれている。この who は、はじめの方では、規範的な文法に沿った使わ
れ方——つまり who よりも後に名詞不足が生じるような使われ方——がさ
れている。しかし詩が先へ進んで徐々にノッてくると、この who は名詞不
足の文を従える役目に加え、読者に「こんな子どもたちがいるような世界を
想像してみて」と働きかける、いわば脳内での別世界の構築を促すような役
目を持つようになる¹。読者視点に切り替えて言い直せば、我々読者は詩を読

　1　脳内世界構築シグナルの役目を果たす英語表現には if や I remember など色々あ

207

み進めていくうちに、この who に訓練されていき、who を見たら「さあて また子どもの姿を思い浮かべるぞ」「脳内で子ども世界を構築するぞ」と構 えるようになる。この詩における who の子ども世界構築シグナルの役目は どんどん大きくなっていき、やがて名詞不足の文を従えるという役目が消え 失せ、子ども世界構築シグナルの役目のみになってしまった――来るところ まで来てしまった！――のが今回の who なのではないか[2]。

　この who が通常の関係代名詞としての機能を失ってしまっている（子ど も世界構築シグナルになってしまっている）ことの現れとして、名詞不足 の文が続いていないことに加えてもう1つ、you が使われていることを挙 げることができる[3]。もしも今回の who が通常の関係代名詞としての機能 を持ち続けているのであれば、この who は children または angelheaded blockheads を受けているものだという認識、三人称複数のものだという認 識が働き、just when they began to ... となっているはずだ。

　実は、問題の箇所の少し前の who sat listening to ... の時点ですでに、who の関係代名詞性は忘れ去られているかもしれない（作者の脳内でも読者の 脳内でも）。というのも、who sat listening to ... から問題の箇所までの間に、 children または angelheaded blockheads を受ける they や their などが一度

る。if は「（これから仮定の話をするので）脳内で仮定世界を構築せよ」というシ グナルになるし、I remember は「（これから過去の話をするので）脳内で過去世 界を構築せよ」というシグナルになる。言語学（特に認知言語学）では、こうし た脳内世界のことをメンタル・スペース（mental space）といい、それを構築す るシグナルとなる表現のことをスペース・ビルダー（space builder）という。

2　筆者の分析が正しいとしたら、who が（関係代名詞の役目を忘れ）スペース・ビ ルダーの役目に徹する場合があるということになるが、管見の限りそのような事 実が報告されているのを読んだこともなければ、類例に出会ったこともない。こ うした実例がどのくらい存在するのか興味を引かれるところである。

3　この you は毛布への言及から考えて *Peanuts* のキャラクターの1人である Linus を念頭に置いているものと考えて間違いないだろう（→ p.194 注❸）。ただ し、語り手が直接 Linus に「君は…」と語りかけているという解釈と、語りかけ る相手たる「君」はあくまで読者で、その読者に Linus 気分を味わわせていると いう解釈のどちらがよいかは答えのない問題で、読者が楽しみたいように楽しめ ばよいと思う。

も使われていないからである。こうして三人称複数代名詞不在の中しばらく書き進めた作者、読み進めた読者にとって、who はもはや純然たる「子ども世界構築シグナル」となる。who 節の中で Linus を召喚して you と呼ぶ（書き手の）自由が生まれ、who 節の中で Linus が召喚されて you と呼ばれることを受容する（読み手の）素地が整うわけである。

もしも第2章で扱った "5 Grammar Mistakes Even the Best Writers Make" の著者が "Grief" を読んだら、この who の使い方について果たしてどうコメントするだろうか――。

☞移動表現と副詞の right ──────────── p.198 注❸

"Grief" では what would you do if the moon fell right on your head というかたちで副詞の right が用いられていた。fell on your head の部分は（月が）頭の上に落ちていく移動を表しているから、この right は移動表現と一緒に用いられていることになる。ここではこうした right――［動詞 + right + 前置詞句／副詞句］で移動を表すパターンに現れる right――についてじっくり考えてみよう。

じっくり考えるのが功を奏するのは、時にとんでもない遠回りをした場合であることがある。してみよう、とんでもない遠回りを。

あなたは生きているだろうか。この文字を視覚情報として脳にインプットして処理できているということは、生物学的には生きているのだろう。しかし、即答できなかった人もいるのではないか。たとえば「いやあ、まあ生きてるっちゃあ生きてるけど、どうも最近生活に刺激がなくて、ちょっと死んでる感あるんだよな」とか「ものすごい疲れてるから、ライフゲージ残り1って感じ」とか[4]。

あなたは人間だろうか。「うーん、思考が論理的すぎてロボットみたいってよく言われるんだよな」と思う人もいるかもしれない。学生のみなさんへ。

4　そんな中、本書を手にとってくださり、さらにはここまで読み進めていただき、ありがとうございます！

あなたは学生ですか。「学生証は持ってる。でも勉強をしてるかって言われると……」。会社員のみなさんへ。あなたは会社員ですか。「ああ、そうだ。会社員だ。いや、でも最近在宅ワークばかりだから会社ほぼ行ってないんだよな。会社員って言っていいのかな」。

とんでもなく right と無関係で、とんでもない脱線だと思われただろう。しかし、これは重要な遠回りだ。この一見くだらない仮想的な問答により、ある重要なことが明らかになったのである。それは、人間かどうかとか会社員かどうかといった、一見白黒はっきりつけられそうな事柄にも、白だとか黒だとかとどのくらい自信を持って断言できるかの程度問題が潜んでいるということだ。言い換えると、白らしさ、黒らしさといった「らしさ」の程度問題、または、白や黒と呼ぶ「ふさわしさ」の程度問題が潜んでいるということである。さらに言い換えるならば、「まさに白／黒」のように「まさに」とどのくらい言いたくなるか、である。この発見は right の理解を大いに助けてくれる。

結論から言えば、移動表現 X と副詞の right が組み合わさると、当該の移動が X らしい移動、X と呼ぶにふさわしい移動であるということが言い表されるのである。「まさにその移動をした」ということだ。移動について「らしさ」や「まさに」性などといった概念を適用しようと考えたことがある人はほとんどいないと思うので、まずはそもそも移動とは何かを考えておこう。移動とは、時間の経過に伴って、ある領域 A からそれとは別の領域 B に向かって位置が変化することであるから、図1のように図示できる。

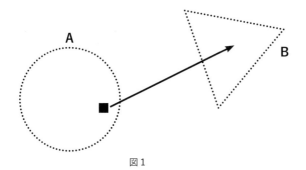

図1

こう書／描くと「移動」には1通りしかなく、程度も何もないように感じてしまうかもしれないが、そんなことはない。たとえば以下の図2と比べてみよう。

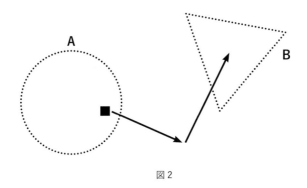

図2

図1と図2はもちろんどちらもAからBへの移動を描いた図なのだが、どちらの方がAからBへの移動らしいかを答えてほしいと言われたら、おそらく多くの人が寄り道せず直線的な図1の方を答えるだろう。

　こんな比較はどうだろうか。領域Bの中心くらいまで行った場合と（図1がまさにそうである）、Bの領域に触れる一歩手前のところで止まった場合。比較すると前者の方がまさにBへの移動だと感じられるのではないだろうか。もちろん、いずれの場合もAからBに移動しているわけで、あくまでも比較すればの話だけれども。

　さらに、困難の有無も関わっているようである。具体的には、ためらいや障害物など——心理的・物理的な困難——がなくスッと進んだ場合と、そうしたものに惑わされながら進んだ場合を比べると、どちらもAからBへ移動しているわけだが、比較すると前者の方が「AからBへの移動」と言いやすいだろう。

　まとめると、人間は、①直線的で、②領域にしっかり入るような移動を、③心理的・物理的な困難なく達成した方が、Xらしい移動だ、この移動こそ

まさにXだ、と思いやすいようである。移動表現と副詞rightの組み合わせは、この①〜③のうちの1つまたは複数の側面を強調する目的で用いられる。

　実例を見ていこう。まず、以下の (1) は、持っている箱をまっすぐ下に降ろす行為を困難のない行為として勧めている、という解釈が自然であるように思われる。

(1) Officer, why don't you put the box **right** down there?

（［ドラマ］*Columbo,* Episode 30）

その箱、そのままそこにおろしてしまえばいいんじゃないか。

したがって①と③の側面が強く押し出された例だと言えるだろう。ただし②の側面も（強調されている感じはしないまでも）存在はしている。というのもここで勧められている行為は、箱を、down there が指す（聞き手の）足元の領域にちょっと差し掛かるくらいのところまで降ろしていくことではなく、もっと下まで降ろして床に置いてしまうことだからである。

　(2) でも、right の使用により、酒がボトルから口に向かっていく移動のプロセスのうち①と③の側面にスポットライトがあたっているように感じられる。

(2) **[状況説明]** 話し手（Amy）と聞き手は刑事。やんちゃな若者が集まるハロウィンパーティーに潜入している。

Oh, look. Raggedy Ann is drinking vodka **right** from the bottle.

（［ドラマ］*Brooklyn Nine-Nine,* S1E6）

ねえ、あれ。ラガディ・アンがウォッカをボトルで直飲みしてる。

酒がグラスなどを経由せず（図2のような経路をたどらず）口に移動してい

る（①）ところが right により想像しやすくなっている[5]。また、この「直飲み」行為に Ann がためらいを抱いていない感じを醸し出す（③）のにも right が一役買っていると思われる。なお、from the bottle が指すのは「ボトルから離れた領域」であるが、酒がボトルからしっかり離れている感じは (2) からは受けないので、(2) に②は関与していないと言えるだろう。

次の (3) では、バンドエイドが肌に貼り付けられている状態から剝がれた

5　この「直飲み」の感じは、right を削除して drinking vodka from the bottle としても出せるのだが、その感じは多少弱まる。実際、drinking vodka from the bottle は直飲み以外の解釈も可能である。たとえば、筆者が作った以下の例で、right がある場合とない場合（φ と表記）を比較してみると、right なしの方が自然である（「right < φ」と表記）。

[状況説明] あるバーでウォッカをグラスで飲んだ Mary がお腹を壊してしまい、その原因がウォッカの細菌汚染であることが判明した。

John used a separate glass, but he got infected too. After all, they were both drinking {right < φ} from the bottle tainted with germs.

（作例）

ジョンは別のグラスを使っていたのだが、ジョンも感染してしまった。というのも、2 人とも細菌で汚染されたボトルのウォッカを飲んでいたからだ。

この自然さの差は次のように考えれば説明がつく。drink right from the bottle は直飲みの解釈に強く偏ることにより、グラスを使ったという記述と矛盾してしまう。これに対して、right なしの drink from the bottle は、直飲み以外の解釈——たとえばグラスを経由するという解釈——も許すため、グラスを使ったという記述と矛盾しない。

　right の有無によって直飲み感の強弱が変わることを示すもう 1 つの事実として、以下のようにボトル取り付け型グラス（Guzzle Buddy——訳せば「がぶ飲みの友」——という商品名で実際に売られている）を取り付けて飲む場合、drink right from the bottle. とは言いにくいということが挙げられる。

一方で right なしの drink from the bottle はこの状況を描写する英語として自然である。right を使うとどうしてもボトルに口をつけている感じがしてしまうのに対して、right なしの drink from ... は必ずしもそうではないというわけである。

状態になるまでの移動に対して副詞 right が適用されている。ここで off が指しているのは「肌から離れた領域」である。

(3) George: Look, do I have to break up with her in person? Can't I do it over the phone? I have no stomach for these things.

    Jerry: You should just do it like a Band-aid. One motion—**right off!** （［ドラマ］*Seinfeld*, S2E1）

    ジョージ：   なあ、直接会って別れないとダメかなあ。電話じゃダメかな。こういうの苦手なんだよ。

    ジェリー：   バンドエイドみたいにやればいいよ。一気に、えいやっと！

この移動が（right で強調できるほど）直線的（①）であるかどうか悩ましいが、少なくとも、完全に剝がれきった状態になるまで（②）の移動を躊躇いなく行なう（③）ことが推奨されているとは言える。③の躊躇いのなさから素早い引っ剝がしというニュアンスが出ていることも指摘しておきたい。

(4) は②の側面が特に際立つ例である。

(4) [**状況説明**] Stephanie は幼少期に Joey の車 Rosie で運転ごっこをして遊んでいたところ、誤ってエンジンをふかして本当に発車させてしまい、自宅に突っ込んで、キッチンを大破させたことがある。以下は大人になった Stephanie の自宅に Joey が車でやってきた場面。その車は Rosie にそっくり。

Stephanie: Old Rosie's looking pretty good.

Joey: Well, actually, this is my newest project, Rosie Two.

Stephanie: Oh, right. Yeah. Last time I saw original Rosie, I was eight and I drove **right** through the kitchen.

    （［ドラマ］*Fuller House*, S5E12）

ステファニー：   懐かしのロージー、なかなか調子良いみたいだね。

ジョーイ：   いや、実はこれ、新しいやつで、ロージー2っていうんだ。

ステファニー： そっか、そうだよね、元祖ロージーは 8 歳のとき以来見てないもんね。私が運転して思いっきりキッチンに突入しちゃってさあ。

Stephanie が車をキッチンに突っ込ませてしまうシーンは（(4) で引用したスピンオフの *Fuller House* ではなく）*Full House* の S3E5 で確認できる。うっかり窓にあたって窓を割ってしまったという程度の話ではなく、キッチンの中心くらいまで車が入っている（②）。このとき Stephanie は（おそらく方法がわからないため）ハンドルを切ってもいないしブレーキも踏んでいないので、その意味では①と③も多少関わっているかもしれないが、一番強調したかった側面はそこではないだろう。この事件の何より特徴的・衝撃的な点はキッチンのど真ん中まで入ってしまったことである。

　以下の 2 例は心理的・物理的な困難のなさ（③）が特に重要な文脈での実例である。

(5) **［状況説明］** 話し手は夜中にホテルの中を徘徊したときのことを報告している。

They're halfway through building it, but I found it and I was able to walk **right** in, and I stayed there, twenty minutes, half an hour, just thinking things over. 　　　　　（［短編小説］Kazuo Ishiguro, "Nocturne"）

その部屋はまだ工事の途中なんだけど、歩いていたら見つけてね、そのまま普通に入れちゃったの。20 分か、30 分か、そのくらいそこにいて、考え事してた。

(6) **［状況説明］** シャワーを浴びている最中の語り手が、バスルームの外から妹に話しかけられる。

"Yeah," I say tersely, remembering how, as a teenager, she'd often pick the lock with a bobby pin and barge **right** into the bathroom during my only alone time in our cramped ranch.

　　　　　（［小説］Emily Giffin, *Love the One You're With*）

「うん」と私はぶっきらぼうに答える。そういえば十代のころ、妹はよくボビーピンで

ピッキングして鍵をあけて、当たり前のようにバスルームに入ってきたな、と思い出す。狭苦しい農場で暮していた当時、シャワーの時間だけが唯一ひとりになれる時間だったのに。

(5) の walk right in は、工事中の部屋にもかかわらず、バリケードやロープなどが張られておらず、物理的な困難なくスッと入れたことを表している。一方で、(6) の barge right into the bathroom における right は、普通は感じるはずの心理的な抵抗を感じないことを意味しており、ここには（語り手から見た）妹のデリカシーのなさがよく表れている。なお、ここでは工事中の部屋やバスルームの領域にしっかり入っていること（②）もある程度強調されていると言えるかもしれないが、移動が直線的であること（①）は意味の中に含まれていないだろう。

　日本語のよくある言い回しに「まんまと罠にはまる」というのがあるが、同趣旨のことを英語で言おうとすると副詞の right がしっくり来る場合が多い。こうした場合の right は上の段落で見た移動の心理的・物理的な困難のなさ（③）と結びつけて理解することができる。

(7) Yeah, he walked **right** into our trap.

（［ドラマ］*The Big Bang Theory*, S4E19）

そうだな、まんまと罠にかかってくれたな。

(8) She [=Izabelle] realized her mistake. She'd set a trap with her foolish words and stepped **right** into it.

（［小説］Kristin Hannah, *The Nightingale*）

イザベルは自らの犯した過ちに気がついた。馬鹿げた言葉を並べて罠をしかけて自分でまんまとハマってしまった。

罠にはまってしまう人の移動プロセスが物理的になめらかであったり、心理的な疑いやためらいがないものであったりすると、それと同時に、罠を仕掛けた人間の意図の達成が簡単でスムーズに進んだとも捉えられるのである。

日本語の「まんまと」は後者のプロセスのなめらかさを強調するのに対し、英語の right は前者のプロセスのなめらかさを強調する、というように強調される側面は異なるのだが、結果的に大体同じ意味合いになるところが面白い。

　宣言通りとんでもなく遠回りしながら、right の持つ一貫性と多様性を味わってきた。最後にもう一度、本文の what would you do if the moon fell right on your head を読み直してみよう。ここで仮定されている世界の解像度がグッと上がったのではないだろうか。月がまっすぐ落ちてくる世界（①）。月が頭を掠めるのではなく頭にしっかりゴンと当たる世界（②）。月が大気圏突入で苦戦したりせずスゥーッと頭に落ちてくる世界（③）。ある英文がよくわからないとき、その英文とはちょっと違う英文をたくさん、そしてじっくり観察したうえで元の英文に戻ってきてみると、すごくよくわかるようになっている。これは外国語を勉強していてとてもよく起こることである。遠回りは心からおすすめの近道だ。

本文解説 ｜ 内容をじっくり考えるヒント

1.　詩はなぜ「難解」（に思える）か？

　詩には、シンプルなことばで表現された簡単に思われる作品から、少し読んだだけでも難解な作品まで、様々なものがある。もちろん前者の簡単そうな作品も、じっくり味わえば複雑で深遠なメッセージが浮かび上がることも多いので、一口に簡単／難解と分けることはできないのだが、詩に対する大まかなイメージとして、ふつうの散文とは異なる「難解」な意味が含まれていると思われる方が多いのではないだろうか。

　そもそも詩とは何だろう？　一見単純なこの問いは、実はかなりの難問である。

　ひとつのアプローチとして、文章の形式から詩を定義しようという考え方がある。日本語であれば俳句の五・七・五や短歌の五・七・五・七・七、英詩であれば音節・脚韻・行数などにルールがあるソネットなど、決まっ

た形をもつ定型詩に関しては、有力な回答方法だ[1]。しかし、定型詩という言葉には自由詩という対義語がある。そして自由詩とは定型のない詩のことだから、文の形式から詩を定義する道筋は自由詩の前に崩れ去る。ちなみに "Grief" も、特に第Ⅲセクションでは反復が独自のリズムを生んでいるが、いわゆる定型には従っていない。

　形式がダメなら内容ということになるだろう。だが、少し考えただけで、こちらの攻め筋が即座に詰むことはほとんど自明だ。愛の詩もあれば死を悼む詩もあるし、真面目な詩もあればふざけた詩もある。仮に、何かしらの内容＝意味を持つ文字列という、もはや定義として役に立たない「定義」を繰り出したとしても、意味よりもリズムなどことば遊びに重きを置いたナンセンス詩を包含できない以上、不十分に思われる。"Grief" に即して考えれば、様々な情景が次々に展開していて、何を描いた詩であるか、一言で説明するのは難しい（おそらく長文で説明することも難しい。この点は次項参照）。こうした内容の自由と、定型に従っていないという形式の自由さは響き合っている[2]。

　こうなって来ると、「詩人が読／詠めば詩だ」という循環論法的な定義も思いつかないではないが、日本最古の歌集『万葉集』の作者が農民から天皇にまでわたっている以上、誰が歌ったかで詩を定義することもできない（"Grief" の作者 Lethem も詩人というより小説家だ）。この点、愛を伝えることばがしばしば「詩」に近づくとされるように、実は小説のほうが小説家という特殊な職業の人間が書いている「偏ったジャンル」に過ぎず、詩のほうが貧富の差もなく誰もが参加できる「普遍的なジャンル」でさえある。古来より様々な人が歌ってきた。

　循環論法をさらに進めて、「詩が詩である」という最早よくわからない定義を繰り出したとしても解決しない。というのも、書き手は詩だと主張していても読み手が詩とは感じないような出来損ないの「詩」もあるだろうし、逆に、書き手の意図とは別に読み手が「詩」を感じるような文字列も存在するからだ。「詩が詩である」という文字列も、もしかしたら詩として受け取る人がいるかもしれない。

1　本解説では深入りできないが、そもそも日本語の「詩」と英語の poetry や poem が同じなのか、疑うべきではある。ここでは大まかに同じものを指すはずだという一般論をスタート地点とした。

2　正確に言えば、形式・内容の両面における自由さは "Howl" から受け継いだものである。この点も次項を参照。

　この、「詩が詩である」という文字列に、読み手によっては「詩」のようなものが感じられうるというのは、なかなか重要なポイントに思われる。というのも、「詩が詩である」という「定義」が「よくわからない」のは、これは同語反復に過ぎず、そこに実際的な意味はない（と感じられる）からだろう。と同時に、しかしこの同語反復にそれ以上の何か——「詩」——が感じられうるのは、実際的な意味以上の何かが感じられうるからである。

　ここで唐突ながら専門用語を借りると、言語学者の池上嘉彦は記号論の入門書のなかで、言語の「実用的機能」と「美的機能」という2つの側面を紹介している。ごく簡単に言えば、メッセージが手段であるとき、つまりメッセージを使ってメッセージの外と関連を持とうとするのが「実用的機能」だ。「メッセージの外」というのは、大雑把に言えば現実の何かを指していると考えてほしい。わかりやすいのは命令文、すなわち、メッセージの伝達相手に何かしらの行動を起こさせようという場合である。逆に、メッセージがメッセージ自身を志向するのが「美的機能」だ。小難しく聞こえるが、池上は恋人に手紙を書くという状況を例に挙げている。いわく、「自分の気持ちを表出し、同時に相手の気持ちに訴える」のみならず、「「美しく」表現したいという意識が働くはずである」。この「「美しく」表現したい」というのは、メッセージそのものへの志向だから美的機能であり、一方「自分の気持ち」や「相手の気持ち」はメッセージの外にある現実だから、表出や訴えかけは実用的機能である（池上 1984: 194-97）。

　これら2つの機能を元に説明すれば、「詩が詩である」という同語反復は、現実の何かを指して新たな情報を加えていないという意味で、実用的機能はゼロに近い。一方でこのフレーズは、おそらく実用的な無意味さゆえにかえって、1つ目の「詩」と2つ目の「詩」は何か異なることを言っているのではないかとか、「詩」という同じことば・音の繰り返しに何か意味があるのではないか、など、ことばが通常の（実用的な）次元とは異なる次元で機能しているように感じられうる。この場合はメッセージがメッセージ自身を志向していると言え、「詩が詩である」というフレーズの美的機能が認められる。

　ここまで何度も「感じられうる」という表現を繰り返してきたが、美的機能が強いメッセージは、通常の、つまり実用的機能の強いメッセージとは異なったことばの使い方がされているため、意味不明だと退けられる可能性を常に秘めている。詩が「難解」に感じられるのは、まさに

この美的機能の強さ（実用的機能の弱さ）ゆえであろう。だから美的機能が強いメッセージが、それでもれっきとしたメッセージとして受け取られるには、ふたたび池上の解説を引けば、「受信者がこの明らかにコードから逸脱した文を、解釈を試みるに値するものと確信するということ、逆に言えば、受信者にそのような確信を持たせるだけの力がその文に備わっていなくてはならない」（同前：200）[3]。これが先ほど問題にした、作者の意図と、受信者が詩と見なすかとが一致しない背景だろう。近年の日本語では、訳のわからない大抵は独りよがりの理屈を「ポエム」だと言って切り捨てることがある。「詩 poem」に対して失礼千万な表現だと思うが、しかし、独りよがりの伝達されない言語、要は実用的機能が失われているメッセージという点では、案外と的を射ている気がする。最大の問題は、その手の言明は受信者に「解釈を試みるに値するものと確信」させる力がないこと、つまり、実用的機能はもちろん美的機能も失われているという点である（したがってやはりこの意味での「ポエム」は決して「詩」ではない）。

　この美的機能という用語を使えば、少なくとも先ほど案出してみた定義よりは「詩」を上手く説明できる。すなわち、言語の美的機能を活用した芸術が詩である、と。その結果、たとえばことばの「意味」より「音」に注目することになり（「意味」はメッセージ外の何かを指示したり表現したりする実用的機能であるのに対し、「音」への注目はことばそれ自体への関心だ）、定型詩や、ことば遊びめいたナンセンス詩が生まれることになる。あるいは "Grief" に即して言えば、*Peanuts* の台詞という、時に哲学的・文学的な性格があると評されるとはいえ基本的にはコミック中の何かを指したり表現したりしている実用的機能が強いはずの言語を、あえて断片的に、かつ "Howl" の世界に投げこみながらつなぎ合わせることで、ことばそのものに注目させて美的機能を活性化し、奔放なイメージや、*Peanuts* 単体では見えなかった世界を生み出している。

　こうして詩は、実用的機能とは異なる働き方である美的機能を前景化して言語を使用している以上、すんなり理解できるとは限らないし、実用に供するものでもない。しかし、人間はすぐに言語化できるものだけをことばにする生き物ではないし、具体的にこれとわかることばだけを

3　ここで言われる「コード」とは、メッセージを作成・解読するため、発信者と受信者が共通理解しているルールであり、「言語の場合の「辞書」と「文法」に相当するもの」（同前：39）。

求めてことばに触れるのでもない。だからこそ古来より人は詩を作り、そして読／詠んできたのだろう。

2. ルールに縛られる自由

前項の実用的機能と美的機能の２つを踏まえると、小説家・高橋源一郎の次の比喩も類似したことを述べていると思われる。

> みなさんは、小説と詩の違いはどこにあると思われるでしょうか。わたしは、きわめて単純に考えています。つまり、小説は目的地に向かってまっすぐ進むものであるのに対し、詩は、時には目的地を忘れても、目前のことばというものの、比喩的にいうなら、その角を曲がっていくものではないかと。(高橋 2009: 50)

小説＝散文は「目的地に向かってまっすぐ進む」。これはある対象を「まっすぐ」指示したり、気持ちを「まっすぐ」表出したりするという意味で、言語の実用的機能を指している。一方、詩は「目前のことばというものの［…］角を曲がっていく」。こちらは、「目前のことば」が表わしているものを「まっすぐ」追いかけるのではなく、その「ことば」そのものに興味が持たれているという点で美的機能の運用に近づく。本解説の文脈ではこのように整理できる。

高橋は「ことばの角を曲がる」という詩の性格を、「詩の本質と考えられるものの一つ」だという「改行」に見出す。つまり、小説家であれば「メインストリートをまっすぐ歩いていきたいと思う」ところ、詩人は１行書いて何かに到達したら、そこに「自分の知らないなにかがあるのではないかと思って」角を曲がる＝改行する（同前）。この高橋のことばが詩人一般にどれほど当てはまるかはわからない。とはいえ読者の意識として、改行がない文章であれば前後が密接につながっていると考えるのに対し、改行されることで行と行との関係が緩むとは言えるだろう。この場合、改行によって分かたれつつもつながった行と行とがいかなる関係にあるか、やはり実用的機能とは少し異なる次元で言語への関心が喚起される。その意味で詩における改行とは、美的機能を活性化するための装置——高橋の説に賛同するなら、美的機能が活性化された結果——であると言えそうだ。

さて、"Grief" における改行は、高橋が提唱する詩一般の改行とかな

り近いように思われる。つまり、その1行1行は、確かに大まかな方向性は同じように思われ、実際相互に連関しているところもあるものの、しかし各行はそれぞれ独立したイメージを提示していると見える。もう少し具体的に言えば、たとえば第Ⅰセクションの冒頭のフレーズは特に Charlie Brown を念頭に置いていると思われるが[4]、4フレーズ目は Schroeder、5フレーズ目は Linus と次々に入れ替わり、who passed through 以下の6フレーズ目に至っては、Beethoven という単語は Schroeder を意識させるものの、ほかのキャラクターたちのイメージも強く、特定のひとりを指しているとは決めがたい。とはいえ、各行はみな、1行目にある「ぼくの近所の子供たち」を指している。このように次々と「曲がり角」を曲がるかのごとく新たなイメージが溢れていくのは、詩ならではの表現である。

かくして次々に突然あらわれるイメージの奔流が「メインストリート」から逸脱していくという文は、悪く言えば全体を統御できていないのだから「羅列」に近づく。これを自由で面白いととるか、構成力の欠如ととるかは読者次第だが、ことアメリカの詩の歴史に照らせばむしろ主流でさえあり、「カタログ」の手法などと呼ばれる。そもそもこれは "Grief" 独自の書き方では決してなく、元ネタ "Howl" を踏襲しているに過ぎない。"Howl" の「謎めいた言及」の多くは、「自分［Ginsberg 自身］や知人の個人的体験に基づいていると思われる」と解釈される（柴田 2020: 87）。別言すれば、類似した境遇——手短にいえば、画一的な社会のルールからドロップアウトした境遇——にこそあるが様々な人々の経験が「カタログ」化されている。そして、Ginsberg 同様に1行が長い詩を歌い上げたアメリカの国民詩人 Walt Whitman（1819-1892）もまた、カタログの手法を愛用した詩人であった。

今、カタログの手法という点から三者をまとめて見たが、"Grief"

4　今さらながらこの詩は1行が非常に長い。たとえば冒頭は I saw から fussbudgets までが詩としては「1行」である。印刷の都合で途中で改行せざるを得ないため、本書の場合は3行に分かたれている。その2・3行目が全角で1字分ほど下がっているのは、前行とつながっている（＝詩としては同一の行である）ことを示すためである。したがって、あえてわかりにくい書き方をすれば、「第Ⅰセクションの冒頭1行は3行あり、詩の2行目は4行目と5行目の2行である」。これでは混乱するだけなので、ここでは本来の詩としての行数を便宜的に「フレーズ」と呼んでいる（つまり2フレーズ目とは dragging 以下の2行のことであり、繰り返すが、詩としては「2行目」）。

はやや異なる位相にある点も指摘しなければならない。というのも、Whitman と Ginsberg の場合は、ある 1 つのテーマを歌いつつも、そのテーマの下に個々人を画一的にまとめたくはないという想いのあらわれが、カタログの技法として結実しているはずだ。つまり彼ら 2 人にとっては、きわめて内的な理由がもたらした形式である。一方の "Grief" は、あくまで "Howl" という元ネタに揃えるという外的な理由ゆえ、この形式に則っていると思われる。ただしこれは、"Grief" は形式を守ることに専念し、内容を伴っていないという意味ではない。むしろ逆で、形式というルールに縛られるからこそ新しい内容が生み出されるという逆説が生じている。

制限ゆえに生まれる新しさとは、定型詩などに関して頻繁に言われる逆説なのだが、実はかく書いている私（今井）自身、数年前までピンときていなかった。ここで個人的な話をすると、この逆説が初めて腑に落ちたのは、Emily Apter の *The Translation Zone* という研究書を共訳した際、George Perec の *Les revenentes* という中篇小説の一部を、英訳から日本語に訳した時のことだ。言語実験作家として知られるペレックの同作は、母音は e しか用いないという形式的束縛を自ら課している（フランス語原題をよく見てほしい）。それを再現した英訳もまた母音は e しか登場せず、次のような具合である。

> Between the jebels, the deserts, the ergs where the steppes' breezes seeded then delete defenceless weeds, here erred these henchmen, needless brens, spent stens, nerveless épées, depleted steeds, kneeless gee-gees, bereft jennets. (Apter2006: 124)

拙訳では何とかこれを再現すべく、イ・エ段のみで訳すことを試みた。

山・磧原・波状砂丘に切れし位置にて、卉原に風凄々行き来し、衛士居ん卉々消えし。下手連、道逸し、非益に撃し、備品滅し、剣に力入れん。驪馬瀕死、四肢へべれけ、して死に逝きし。

（アプター 2018: 195）

無理がある訳文であるのは言うまでもないが、しかし、ここでのポイントは、たとえば steed や gee-gee——いずれも「馬」の意だが、前者は文語、

後者は幼児語——を日本語に移すにあたって、「イ・エ段しか使えない」という制限があるゆえ「うま」が使えず、だからこそ「驪」という漢字を新たに見つけ、「馬」に「メ」という音読みがあることも新たに見つけ、これら二字を組み合わせた「驪馬」という熟語を新たに作れたという点である。この無理矢理な操作は、制限があるからこそ許されうる「自由」だろう。そもそも英語で horse ではない、あまり用いられない単語が登場しているのも、同様の制限ゆえの「自由」の賜物である。

　回り道となったが、"Grief" もまた "Howl" を下敷きとし、それを制限としたからこそ、突飛な比喩や、原作コミックの文脈からはあえてズラされている引用など、「自由」が行使されている。だからこそ「翻訳の視点から」で述べた通り、Peanuts の世界を建設的に多義化できたのだ。

あとがき

　理由は色々あるのだが、私（平沢）は何年か前から、とにかくリーディングの本だけは絶対に書かないと心に決めていた。しかしそんな決心をしていたことは、あるおいしい餌を前にして一瞬のうちに忘れてしまった。

　そのおいしい餌というのは今井亮一さんと一緒に仕事ができるということである。今回のプロジェクトは（プロジェクトと言うと大げさだろうか……ちなみに英語の project は、小説家が 1 人で頭の中で思い描いている次回作とか、小学生の工作なんかも指せる、とても広い名詞です）、「まえがき」にもある通り、今井さんがリーディングの本を出すというところから出発している。そこで彼が私のことを思い出して、うまく巻き込んでくれたのである。

　今井さんとはどういう関係かと言うと、お互い大学院生だったころに（こういう「お互い」は英語では each other とか one another とか言わないというのが大変面白く、あ、はい、黙ります……）、柴田元幸先生の翻訳演習の授業のティーチング・アシスタント（TA）として、一緒に受講生の訳文を添削した仲だ。「どんな仲かわかんないんですけど」という声が聞こえてきそうだが、ごくごく短い英文とその訳し方について何時間でも話し合い、お互いが英語と日本語に対してどのような向き合い方をしてきたかが丸裸にされてしまうような感じだ。そこで私が見たのは、非常に誠実な、言語愛に溢れた姿であり、すぐに信頼と尊敬を抱いた。

　TA 活動が終わってから（一度たまたま私の実家近くの古本屋で遭遇してひどくびっくりしたことはあったものの）お会いする機会がなかったのに、（語学・言語学的な観点での）英語専門の執筆要員として選んでいただけた

のは大変光栄で、全力を尽くそうと思えた。「決心」のことは2ヶ月くらい経ってから「そういえば」と思い出した。

* * *

　我々は本書の英文を訳し解説するにあたって、とにかく原文を正確に理解することに全力を注いだ。原文は論理的に筋の通ることを言っているのか、いないのか？　原文の言い方はどれくらい普通なのか？　原文は読み手の頭にどんな絵を、どんな順番で掻き立てるか？　このように原文それ自体と格闘することを通じて——格闘するといっても楽しいだけなのだが——完成させた翻訳は自然と直訳になる。ただし、学校で習ったことと直に対応するカギカッコ付きの「直訳」ではない。原文（を読んだときに英語母語話者の脳で起こること）と直に対応する（ような経験を訳文の読者にもたらす）という意味での直訳である。後者の直訳を少なくとも目指してはいる。表現や文法に関する解説も、我々としては、英語母語話者にとってどうなのかということをよく考えて書いたつもりである。学校で習ったことだけですべて解決するのだ、というタイプのこじつけはしないように気をつけた。

　本書のすべての章に共通して存在している概念・テーマ（英語で言うとcommon thread——1本の筋が貫いている感じ）である「スローでディープ」な回り道というのも、言語学的な解説に関しては英語母語話者一般の脳を覗き込むことに対応し、文学的な解説に関しては教養ある英語話者の読み方を知ることに対応する。回り道のように見えて、実は回り道ではない。

　そういうわけで本文の英語表現・内容に関係することであれば可能な限り情報を盛り込むようにしたものの、書きたいのにどこに書いたらいいか悩んでいるうちにタイミングを逸して盛り込めていないことが1つあるので、無駄にならないようここで「供養」しておきたい（最近「供養」という語の使

用範囲がこのように拡大してきており、大変興味深い）。アメリカのドラマ
に、アメコミの *Archie Comics* をもとにした *Riverdale* というものがある。今
年 2023 年にシーズン 7 の公開をもってシリーズの完結を迎えたのだが、こ
の最終シーズンが 1950 年代のアメリカを描いたものになっているのである。
James Dean 熱狂、不当に単純化されていた「女性」像、共産主義者の社会
的抹殺など、第 5 章の本文や本文解説に関して具体的なイメージを得ること
ができる。第 7 章の元ネタである Allen Ginsberg の詩 "Howl" もストーリー
の鍵を握っている。Netflix ではすでに全シーズンが公開されており、DVD
の方も今年 2023 年中に最終シーズンの発売が予定されているらしい。本書
の理解を深めてくれる——というか解像度を上げてくれる——ことは間違い
ないと思うので、関心がある読者はぜひ一度観てみてほしい。

＊　＊　＊

　本書の編集は金子靖さんに担当していただいた。まずは今井さんのプロ
ジェクトに私が加わることを快諾してくださったことに関して感謝したい。
それから、解説に脚注をつけること、学術文献を引用すること、巻末に参考
文献のセクションを設けることを（話題にすらさせずに）認めてくださったこ
とは本当にありがたく感じている。こういうことをすると学術書っぽく見え
てしまい読者が遠のいてしまうからちょっと……などと言われる場合も多い
と聞くが、「脚注があるからこの本は読まないでおこう」とか「参考文献リ
スト付きなんて、この本は買わない」とか、そんなこと本当にあるのだろう
かと昔から疑問に思っている。むしろ、本を作る側がそのような発想に従っ
て脚注や参考文献を排除していたら、「そんなこと」が現実になってしまう
のではないかと思う。英語に self-fulfilling prophecy という高頻度フレーズ
がある（ちなみに self-fulfilling という単語はほぼこのフレーズでしか使わ

ない語で、日本語でいうと「ほとぼりが冷める」の「ほとぼり」や、「何の変哲もない」の「変哲」などと同じステータス）。「XだXだと騒いでいたら、まさにそう騒いだことが原因となって、Xが現実になってしまうこと」の意味だ。まさにそうなってしまうのではないか。

　柴田元幸先生には、我々を鍛えてくださったことに加え――言うまでもなく先生のご指導がなければこの本は生まれようがないわけで――さらにはお忙しいなか本書に魅力的な帯文を寄せてくださり、感謝してもしきれない。また、本書のいくつかの箇所については西村義樹先生、野中大輔氏、萩澤大輝氏、Ash Spreadbury 氏、Mark Rosa 氏にご協力いただいた。ここにお礼を申し上げたい。

2023 年 9 月

平沢慎也

参考文献（アルファベット順）

エイデン, エレツ・ミシェル, ジャン＝バティースト（著）阪本芳久（訳）(2016)『カルチャロミクス―文化をビッグデータで計測する―』東京：草思社．

Apter, Emily (2006) Translation zone: A new comparative literature. Princeton: Princeton University Press. アプター, エミリー（著）秋草俊一郎・今井亮一・坪野圭介・山辺弦（訳）(2018)『翻訳地帯―新しい人文学の批評パラダイムにむけて―』東京：慶應義塾大学出版会．

安藤貞雄 (2005)『現代英文法講義』東京：開拓社．

安西徹雄 (2000)『英語の発想』東京：筑摩書房．

ベイカー, モナ・サルダーニャ, ガブリエラ（編）藤濤文子（監修・編訳）伊原紀子・田辺希久子（訳）『翻訳研究のキーワード』東京：研究社．

Bassnett, Susan (2014) *Translation*. London, New York: Routledge.

Boas, Hans C. (2003) *A constructional approach to resultatives*. Stanford: CSLI Publications.

Even-Zohar, Itamar (1990) Polysystem studies. *Poetics today* 11(1). Durham: Duke University Press.

Fillmore, Charles J. (1997) *Lectures on deixis*. Stanford: CSLI Publications.

福地肇 (1995)『英語らしい表現と英文法―意味のゆがみをともなう統語構造―』東京：研究社出版．

萩澤大輝・氏家啓吾 (2022)「リンク発見ゲームの諸相―「記号が存在する」というフィクションを超えて―」『東京大学言語学論集』44: 1–18.

白水社編集部（編）(2022)『「その他の外国文学」の翻訳者』東京：白水社．

平沢慎也 (2019a)「英語の接続詞 when―「本質」さえ分かっていれば使いこなせるのか―」森雄一・西村義樹・長谷川明香（編）『認知言語学を紡ぐ』東京：くろしお出版．

平沢慎也 (2019b)『前置詞 by の意味を知っているとは何を知っていることなのか―多義論から多使用論へ―』東京：くろしお出版．

平沢慎也 (2021a)「明示されない論理関係―「英語は○○な言語」なんて言わないで―」『英語教育（2021 年 10 月号）』58–59. 東京：大修館書店．

平沢慎也 (2021b)『実例が語る前置詞』東京：くろしお出版．

平沢慎也・野中大輔 (2023)「認知文法から考える「意訳／直訳」問題―「直訳」は本当に「直」なのか？―」『慶應義塾大学日吉紀要　英語英米文学』77: 51–94.
[https://koara.lib.keio.ac.jp/xoonips/modules/xoonips/detail.php?koara_id=AN10030060-20230331-0051]

池上嘉彦 (1984)『記号論への招待』東京：岩波書店．

伊丹十三 (1979)「訳者あとがき」In: サローヤン, ウイリアム（著）伊丹十三（訳）『パパ・

ユーアクレイジー』東京：ワーク・ショップガルダ.

Jackendoff, Ray (2008) Construction after construction and its theoretical challenges. *Language* 84: 8–28.

Johnson, Rheta Grimsley (1995) *Good grief: The story of Charles M. Schulz.* Kansas City: Andrews and McMeel.

亀井俊介（監修）杉山直子・澤入要仁・荒木純子・渡邊真由美（著）（2018）『アメリカ文化年表—文化・歴史・政治・経済—』東京：南雲堂.

柏野健次（2021）「I studied so hard that I passed the entrance exam for X university. はおかしな表現か」『英語教育（2021 年 8 月号）』72-74. 東京：大修館書店.

木原善彦（2020）『アイロニーはなぜ伝わるのか？』東京：光文社.

Kishner, Jeffrey and Raymond Gibbs (1996) How "just" gets its meanings: Polysemy and context in psychological semantics. *Language and speech* 39: 19–36.

久野暲・高見健一（2013）『謎解きの英文法—省略と倒置—』東京：くろしお出版.

Ladd, D. Robert (1978) Stylized intonation. *Language* 54: 517–40.

Langacker, Ronald (1987) *Foundations of cognitive grammar*, vol.1: *Theoretical prerequisites*. Stanford: Stanford University Press.

Langacker, Ronald W. (2000) Cognitive linguistics, language pedagogy, and the English present tense. LAUD Linguistic Agency.

Langacker, Ronald (2008) *Cognitive grammar*: *A basic introduction*. Oxford: Oxford University Press.

Langacker, Ronald W. (2009) A dynamic view of usage and language acquisition. *Cognitive linguistics* 20(3): 627–640.

ロング，ホイト（著）秋草俊一郎・今井亮一・坪野圭介（訳）（2023）『数の値打ち—グローバル情報化時代に日本文学を読む—』東京：フィルムアート社.

真野泰（2023）「主語の省略について」『英語教育（2023 年 10 月号）』61–63. 東京：大修館書店.

村上春樹（2006）「翻訳家として、小説家として」In: フィッツジェラルド，スコット（著）村上春樹（訳）『グレート・ギャツビー』東京：中央公論新社.

長嶋善郎（1979）「Sit と Stand の意味について」『獨協大学英語研究』15: 53–64.

野中大輔（2017）「日本語との比較から見る英語の調理表現—調味料をかけることを表す動詞に着目して—」2017 年度人工知能学会全国大会（第 31 回）.

[https://www.ai-gakkai.or.jp/jsai2017/webprogram/2017/pdf/595.pdf]

野中大輔（2021）「それは本当に余計な話？—『表現のための実践ロイヤル英文法』から考える—」 [https://note.com/dnonaka/n/ndce737c5c395]

野中大輔（2023）「Why study culinary expressions?—レシピをもとにジャンルと文法について考える—」日本英文学会第 95 回大会（2023 年度）Proceedings.

[https://www.elsj.org/backnumber/proceedings2023/proceedings-2023-nonakadaisuke.pdf]

柴田元幸（2020）「訳者あとがき」In: ギンズバーグ，アレン（著）柴田元幸（訳）『吠える』東京：スイッチ・パブリッシング．

柴田元幸（2022）『英文精読教室　第 5 巻　怪奇に浸る』東京：研究社．

鈴木貞美（2013）『入門　日本近現代文芸史』東京：平凡社．

邵丹（2022）『翻訳を産む文学、文学を産む翻訳―藤本和子、村上春樹、SF 小説家と複数の訳者たち―』東京：松柏社．

Swan, Michael (2016) *Practical English Usage*, 4th edition. Oxford: Oxford University Press.

高橋源一郎（2002）『一億三千万人のための 小説教室』東京：岩波書店．

高橋源一郎（2009）『大人にはわからない日本文学史』東京：岩波書店．

滝沢直宏（2006）『コーパスで一目瞭然【品詞別】本物の英語はこう使う！』東京：小学館．

ヴェヌティ，ローレンス（著）秋草俊一郎・柳田麻里（訳）（2022）『翻訳のスキャンダル――差異の倫理にむけて』東京：フィルムアート社．

山崎竜成（2022）『知られざる英語の「素顔」―入試問題が教えてくれた言語事実 47―』東京：プレイス．

辞書（カッコ内は本書で採用している略記）

Collins COBUILD Advanced Learner's Dictionary, 10th edition. HarperCollins, 2023.

Longman Dictionary of Contemporary English (*LDOCE*), 6th edition.Pearson, 2014.

Merriam-Webster's Advanced Learner's English Dictionary (*MWALED*). Merriam-Webster, Incorporated. 2008.

Oxford Advanced Learner's Dictionary, 10th edition, (*OALD*). Oxford University Press. 2020.

Oxford Advanced Learner's Dictionary, online edition, (*OALD* online).

[https://www.oxfordlearnersdictionaries.com]

Oxford Dictionary of English, 2nd edition revised, (*ODE*). Oxford University Press 2005.

Oxford English Dictionary, online edition (*OED*).　　　　　[https://www.oed.com]

Oxford Learner's Thesaurus (*OLT*). Oxford University Press. 2008.

Urban Dictionary.　　　　　[https://www.urbandictionary.com]

『ウィズダム英和辞典』第 4 版（『ウィズダム』）．三省堂．2019．

『オーレックス英和辞典』第 2 版（『オーレックス』）．旺文社．2013．

『新英和大辞典』第 6 版（『新英和』）．研究社．2002．

『ランダムハウス英和大辞典』第 2 版（『ランダムハウス』）．小学館．1994．

『リーダーズ英和辞典』第 3 版（『リーダーズ』）研究社．2012．

● 編訳解説者紹介 ●

今井亮一（いまい　りょういち）

立正大学文学部文学科英語英米文学専攻コース特任講師。博士（文学、東京大学）。著書に『路地と世界：世界文学論から読む中上健次』（松籟社）、『スヌーピーのひみつ A to Z』（新潮社、共著）。翻訳に、レアード・ハント『英文創作教室 Writing Your Own Stories』（研究社、共訳）、ブレイク・スコット・ボール『スヌーピーがいたアメリカ：『ピーナッツ』で読みとく現代史』（慶應義塾大学出版会）、ホイト・ロング『数の値打ち：グローバル情報化時代に日本文学を読む』（フィルムアート社、共訳）、ジム・シューターほか『マーベルスーパーヒーローズ：シークレット・ウォーズ』（ヴィレッジブックス、共訳）、スーザン・J・ネイピア「大江健三郎と二十世紀末における崇高の探求」（講談社）など。

平沢慎也（ひらさわ　しんや）

慶應義塾大学法学部准教授。博士（文学、東京大学）。著書に『前置詞 by の意味を知っているとは何を知っていることなのか：多義論から多使用論へ』（くろしお出版）、『実例が語る前置詞』（くろしお出版）。主要な論文には「「自分で」を表す for oneself：「自分のためになる」の意味を含むというのは本当か」（東京大学言語学論集44）、"Native speakers are creative and conservative: What *Explain Me This* reveals about the nature of linguistic knowledge"（*English Linguistics* 38(1), 共著）など。翻訳には、MK・サーウィックほか『グラフィック・メディスン・マニフェスト：マンガで医療が変わる』（北王路書房、共訳）、ジョン・R・テイラー『メンタル・コーパス：母語話者の頭の中には何があるのか』（くろしお出版、共訳）がある。

編集協力
滝野沢友理・高橋由香理

組版・レイアウト
古正佳緒里・山本太平

社内協力
三谷裕・三島知子・鈴木美和・松本千晶・星野龍

スローでディープな英文精読
〈ことば〉を極限まで読み解く

● 2023 年 11 月 30 日　初版発行 ●

● 編訳解説者 ●

今井 亮一　　平沢慎也

Copyright © 2023 by Ryoichi Imai and Shinya Hirasawa

発行者　●　吉田尚志

発行所　●　株式会社　研究社

〒 102-8152　東京都千代田区富士見 2-11-3

電話　営業 03-3288-7777（代）　編集 03-3288-7711（代）

振替　00150-9-26710

https://www.kenkyusha.co.jp/

KENKYUSHA

装丁　●　久保和正

組版・レイアウト　●　渾天堂

印刷所　●　図書印刷株式会社

ISBN 978-4-327-45316-9 C1082　Printed in Japan